信仰生活ガイド

教会を
つくる

古屋治雄 編

日本キリスト教団出版局

「信仰生活ガイド」は、月刊誌『信徒の友』に掲載された記事に、新しい文章を加え、キリスト教信仰の「入門書」また「再入門書」として、書籍化するシリーズです。

はじめに

古屋《ふるや》治雄《はるお》

　キリスト教総合月刊雑誌として『信徒の友』は五十六年の歴史を与えられて今日に至るまで歩み続けています。日本基督《キリスト》教団の教会に限らず他教派の人々にとっても、文字どおり信徒の「友」としてキリスト教信仰に生きる人々にとって支えとなり、力となるようにと、広い視野をもって信仰生活に関わる内容を提供してきました。

　このたび、その『信徒の友』誌で長年にわたり蓄積されてきた信仰的財産を、「信仰生活ガイド」として既刊内容に新たな書き加えを得てまとめ、味わうことができるようになりました。本書では、「教会をつくる」とのテーマの下に教会の土台を再確認すること、教会生活をとおしての喜びと慰め、そして教会を担うことに焦点を当てて内容が展開されています。これら三つの視点はもとよりはっきりと区分することはできないもので相互に深く結びついています。限られた紙面の中で教会生活全般にわたって網羅することは困難です。教職の方々からはきっと、採りあげるべき事柄がもっとあるはずだとの指摘を受けるでしょう。しかしそうであってもここに寄せられているテーマと展開は、諸教会・伝道所で実際教会生活をおくっているベテラン信徒にも、また洗礼を受けてまもない信徒にも、力になり指針にもなる内容として寄せられたもので、信徒の視点に立って執筆されたことに特色があります。

第一部「教会の土台」では、教会についての総論的とも言える展開と、教会にとっての生命線である聖礼典についてまとめられています。『信徒の友』が一貫してめざしてきた「聖書的」また「教理的」視点の展開と言ってよいと思います。

第二部「教会生活の喜びと希望」では、私たち一人ひとりの信仰生活のなかで直面する喜びや悲しみ、そして慰めを経験することにふれています。『信徒の友』が「人生論的」展開をも大事にしてきたことが示されています。

第三部「教会を担う」では、「教会形成的」な視点を考慮して必要と思われる内容が選出されています。私たちが信仰生活を個人として送っていることは事実ですが、それだけにとどまらず、共同体的な視点をもっていることは言うまでもありません。私たちには教会共同体として活きた「キリストの体」を形成していく大切な役割が託されていることを教えられます。

二〇二〇年、世界は新型コロナウイルス蔓延に襲われ、二〇二一年もなお苦闘が続いています。私たちが共に信仰生活を送っている諸教会もその中で教会の活動を忍耐しながら、また希望をもって担っています。

使徒言行録の中に初代教会の歩みを見るならば、まだまだ未熟な教会が聖霊の導きを受け、立ち続け、伝道し続けてきた事実に私たちは励まされます。内に外に直面するさまざまな困難に立ち往生してしまうかのように見えてもそこから活路が拓かれ、教会の歴史が前進しています。

今日、その教会の伝道力が衰えていることがいろいろな機会に指摘されています。教会の教勢や財政から判断するならばそのような現状にあることは事実です。そのような中で教会が伝道の力を与えられていく道筋は、特に真新しい路を求めることではないでしょう。簡潔ながらもここに採りあげられている信仰の土台を共有し、私たちは銘々に備えられている歩みを「信仰の創始者また完成者であるイエスを見つめながら」（ヘブライ12・2）前進する者とされています。使徒パウロも今教会に結ばれている私たちに呼びかけています。「わたしたちの主イエス・キリストによってわたしたちに勝利を賜《たまわ》る神に、感謝しよう。わたしの愛する兄弟たち、こういうわけですから、動かされないようにしっかり立ち、主の業《わざ》に常に励みなさい」（Ⅰコリント15・57）。

（日本基督教団 阿佐ケ谷教会牧師、元『信徒の友』編集長）

目次

II　教会生活の喜びと希望

目次

装丁・松本七重

本書の引用する聖書は、基本的に『聖書　新共同訳』（日本聖書協会）に準拠しています。

Ⅰ　教会の土台

教会の本質

教会の共同体としての自覚と絆の回復を

喜びをもって主に仕え

石田《いしだ》　学《まなぶ》

　わたしはナザレン教会という教派の教会で牧師をしております。副題の「喜びをもって主に仕え」は、詩編100編からとった、ナザレン教会の宣教宣言の表題です。よく「どうして『喜びをもって主に仕えよ』ではなくて、『仕え』で終わるのですか」と尋ねられます。中途半端に感じられるのでしょう。実は、あえてそのような印象を与えるようにしてあります。それは「仕え」の後に続くべき何かを、一人ひとりに、そして各教会にそれぞれ祈りつつ創造的に考えていただきたいという願いを言外に含めているためです。

教会から喜びが失われている現実

わたしは栃木県小山《おやま》市のナザレン教会牧師になって三十八年が過ぎました。赴任当時、小山は伝道所として建てられたばかりでした。数名の教会員と共に歩みをはじめた伝道所は、日曜の礼拝時間になっても信徒が誰もいないということもありました。一人の方が遅れて礼拝にやって来られたとき、とてもうれしく、ほっとしたことを昨日のことのように思い出します。

この小さな伝道所からの出発をとおして、わたしはとても大切な体験をしました。それは一人の存在が、どれほどかけがえのないものかを実感できたことです。

しだいに人数が増え、礼拝出席者と教会員の数が増すことがどれほど大きな喜びかということを実感しました。同時に、一人を失うことがどれほどつらく残念なことかも身をもって体験してきました。また、この地に教会が存在するということが、この近隣、この地域、この県、そしてこの国にとってどのようなことを意味するのかについて考え、模索し、祈ってきました。地元に溶け込み、なおかつ教会の預言者的・祭司的な役割を果たしたいと願ってきました。わたしにとって両者は別々のことがらではなく一体でした。教会に人が集うこと自体が、教会の宣教の働きの源だと確信して、教会全体で共に歩んできました。

教会は数か質か、教勢か世に対する働きかといった二者択一的な議論を耳にするたびに、奇異な思いを抱かせられます。わたし自身の体験が、この二つを分けて考えること、まして対立的な仕方で対比することの不自然さを証ししているからです。

このように三十八年間小山ナザレン教会で牧師として生き、この間にいろいろな教派・教団の方々と出会い、エキュメニカルな教会の働きに微力ながら関わらせていただき、ある程度の責任を負う立場に立たされる中で、考えさせられたことがあります。それは、教会の中から喜びが薄れてきているのではないかということです。牧師や信徒の方々と話をする機会が増えるにつれ、そのように感じさせられるようになりました。

牧師たちは教会の高齢化、少子化、その他、内部事情からも将来に不安を抱いています。伝道の努力が報われず、教会管理や教団関連の仕事に追われ、余裕を失い、自らの信仰生活に喜びがなくなり、教会の牧師であることが喜びの源ではなくなってしまっています。

また信徒たちも教会の先行きを案じ、時間と費用をかけた伝道活動が思い通りの成果を上げないことに落胆し、教会財政の逼迫《ひっぱく》からどの出費を削るかに頭を悩ませています。

広くキリスト教界の現状に目を向ければ、おおむね同じ問題に直面していることがわかります。つまり、日本のプロテスタント教会は総体的に教勢の停滞に直面し、閉塞感と活力の低下に苛《さいな》まれているというのが実情です。その結果、本来なら教会の本質的要素とも言うべき喜びが、教会の中からも個人の信仰生活からも次第に失われてきてしまっているのだと思います。

教会が共同体であるということの自覚

他の教会のことではありません。わたし自身、自分の教会の課題として考え、キリスト教会の現状について思い巡らしてきました。その中でたどり着いた結論が、教会が共同体としての自覚と絆《きずな》を深めるということでした。

日本のプロテスタント教会は、その最初期から今日に至るまで、あまりに個人の信仰ばかりに焦点を当てすぎてきたのではないでしょうか。もちろん個人の信仰がキリスト教の基盤であることは疑いありません。しかし、個人の回心と信仰体験から出発したキリスト教徒としての生活が、教会という「神の民としての共同体」で生きる喜びとつながりにくかったと思います。世を離れ、一人になってでも自分の信仰を守るという決意が信仰生活の基本とされ、最後までその時点に留まり続けてきました。そこに限界があったと思います。

しかし、共同体としての教会ということを考えるとき、共同体として共に生きる時間があまりに乏しいという現実に直面します。わたしの課題も、この点をどう克服できるのかということでした。共同体であるためには、連帯性と帰属意識を明確にし、生き方を共有しなければなりません。しかし、教会に集う人々の大半は、週に一度、数時間を教会で過ごすだけです。中には一時間そこそこしか教会にいない方もいます。これでは毎週欠かさず礼拝に集っていたとしても、一週間の全時間の内、わずか〇・六パーセントを共同体で共に過ごしているにすぎません。

そのような現実の中で、どうしたら教会が共同体であることを意識し、体験することができるのでしょうか。共同体性の回復なしには、日本の教会はいっそう行き詰まっていくことになるでしょう。信仰共同体としての自覚なしには、日本社会の中で信仰者は孤立化し、妥協し、教会に集うときだけのキリスト者になってしまいます。

教会共同体に帰属しているゆえの互恵性を実感することなしには、教会があってよかったという安堵感も、主にある兄弟姉妹がいることのうれしさも、信仰を抱いて生きる喜びも持つことができません。

こうした課題に対応するために、ナザレン教会は宣教宣言を採択しました。その宣言の表題が「喜びをもって主に仕え」です。教会の中に喜びを回復することからはじめなければ、どのような伝道努力も奉仕活動も社会的働きも、力を得ることはできないからです。

教会の中に喜びを回復するということは、楽しいイベントや行事を企画したり、明るい賛美や現代風の礼拝様式を取り入れるといったこととは違います。音楽や礼拝様式を工夫することは必要と思いますが、もっと根源的な喜びを回復することが不可欠です。つまり、教会とは何かという本質的なことを自覚し、教会という共同体としてこの世を旅する体験そのものがもたらす、内から湧き出る、そして共同体全体で共有され実感される喜びを持つことが不可欠です。

神の国を目指しつつ、神の国を世に指し示す教会

わたしたちは自分の信仰、個人の霊的体験については、これまでも十分明確にしてきたと思います。しかし、教会という神の民の共同体に招き入れられたということの自覚と意味を明確にすることについては、少し弱かったのではないでしょうか。

教会はその本質において少数者（マイノリティー）です。それは少人数で力もないから何もできないという意味でのマイノリティー性ではありません。多数者（マジョリティー）の作り出す文化、思想、社会構造、価値観、階級、序列、権力、不公正、不正義になじまず、溶け込まず、一体化せず、むしろ自分たちの信仰的確信に基づいた価値観を抱き、まず教会の中に愛、憐れみ、公平性、対等性、互恵性を実現し、それをマジョリティーの世界に対して指し示し、浸透させていくという意味でのマイノリティー性です。

こうした自覚を持つ教会は、この世に対して対抗的共同体であり続けます。こうした教会の存在意義と価値が教会の人々によって自覚され共有されるなら、教会に集う者とされていることが持つ使命感と責任、そしてキリスト者としての自分の存在が神と世によって必要とされているという実感がもたらす喜びを抱くことができると思うのです。

こうしたことを前面に掲げた上で、教会が共同体であることを具体的に深めるためにどのようなことができるのか。わたしの教会のような、地方の小さな教会でも可能な方法を以下に考えてみましょう。

1　礼拝する共同体の在り方を整え直す

教会が週の初めの日毎に礼拝を祝う。そのこと自体がすでに、この世に対する対抗共同体としての在り方にほかなりません。たしかに教会はずっと礼拝を守ってきました。しかし、「これまでと同じように」礼拝を守るだけにとどまらず、神を礼拝する共同体としての在り方を整え直してみてはどうでしょうか。

一概には言えないかもしれませんが、もし皆さんの教会が、ここ何十年も礼拝の形式、表現、祈りと賛美などで何も変わっていないとしたら、教会として刷新に取り組む必要があると思います。青年や子どもたちを交えたり十分に配慮しながら礼拝の在り方を話し合い、その上で今までと同じ形式でということであれば、それはそれでよいと思います。定期的に神学的、実践的な吟味をして、自分たちが全年齢を含む礼拝共同体であることを表すために最善の礼拝を神に捧げる努力なしには、礼拝が喜びの場となりにくいのではないでしょうか。

そのことは同時に、教会共同体の皆ができる努力をしていくということです。牧師は自分の説教に満足したり妥協したりせず、いっそう人々に福音を伝え、信仰的な生き方の意味と喜びを明確に語る努力を積んでゆくことが重要です。信徒はそれぞれ、意識して礼拝を喜ぼうと自らを整え、週に一度、神の民の共同体が見える姿で現れる場に参加できることを感謝して集うようにしたらよいと思います。

2　教会内の壁を取り払う

人間社会は、人々を区別し分断する制度と仕組みから成り立っています。同じ年齢層の人々による集団を作り、同じ性別で人を仕分けし、民族や人種で区別し、社会階層や経済的能力に基づいて社交の場が設けられます。

教会はそうではないはずです。教会はすべての人が招かれる所です。誰も排除されず、誰も迷惑がられず、誰も拒まれることなく、すべての人が受け入れられ、すべての人が喜んで集うことができる、それが聖書的な教会の姿であるはずです。

ところが、現実の教会は人々を区別し分断しています。礼拝や交わりから子どもたちを切り離し、性別に基づいたグループで男女の会を作り、いろいろな仕方で教会の中に壁を設けているのが実情です。その壁を取り払ってみたらどうでしょうか。

赤ちゃんを連れた若い親が、他の小さな子どもや、子育てをしてきた中高年の人たちに守られ、慈しまれ、安心できる共同体が、現代の社会には教会以外のどこにあるでしょうか。障がいのある人もない人も、老人も若者も、一緒に対等に座り、心を一つにして同じ天を仰ぎ、交わり、話のできる共同体が、教会以外のどこにあるでしょうか。

教会は、教会しか実現できない神の国の姿を、おぼろげながらでもこの世に表し、指し示すことのできるただ一つの共同体です。わたしたちはそのために教会に招かれ、その一員とされているのです。教会本来の姿をわたしたち自身が喜び楽しみ、世に表すことを工夫することが重要です。この姿こそ、教会の存在そのものが宣教的であることの証明です。

3　憐れみを世に表す共同体へ

「イエスは深く憐れんで」という表現が、福音書の中に繰り返し出てきます。主イエスに倣《なら》う弟子であるわたしたちが集う教会は憐れみの共同体です。「憐れみ」はただ気の毒に思うこととは違います。困難や苦しみを負っている人々、小さな者とされている人々、痛みや重荷を負っている人々のもとに行って手を伸ばし、触れることが憐れみです。
教会が憐れみを世に表さないなら、主イエスを信じて従う者の共同体として生きていないことになります。どのように憐れみを表すか。それは一人ひとりの信仰者が問われることであると同時に、教会が教会として考え、この世において憐れみを表す働きを喜んで担うべきだと思います。

「教会ってどんなことをしているのですか」と誰かに問われたとき、この三つを具体的に答えることができ、実際にそのように生きているなら、教会はこの世において喜んで主に仕え、神の国を世に指し示して旅する共同体であり続けると信じます。そのような教会に心ひかれ、主イエスと出会うようになる人は、これからも絶えることがないと思うのです。

（日本ナザレン教団　小山教会牧師）

教会の使命

教会が「そこにある」ことの意味と使命
仏教的土壌の北陸・能登で牧会に携わって

大隅啓三《おおすみけいぞう》

ある葬儀依頼

北陸で伝道していると思わぬ時に思わぬ所から電話をいただくことがあります。受話器を取ると、葬儀をしてほしいというのです。教会の礼拝に来たことのない人からの要請です。それもその現場は教会から遠く離れています。都会ではほとんどありえないケースでしょう。

北陸一帯は第二次世界大戦まではカナダ・メソジスト教会の伝道地でした。この教会の伝道方式の一つにサーキット伝道がありました。それはおおざっぱに言えば、拠点の教会の周辺一帯に、それもおおよそ人が住んでいる場所ならあらゆる場所に出向いて福音を伝えるという活動です。それも毎年決まった時期に実施します。

そんなわけで、この地方のどんな辺地にも少数ながらキリスト者が生まれました。しかし、戦争によって宣教師たちが引き揚げた後は、そうして生まれた信者たちは取り残されてしまったのです。しかもその中には、少数ながらキリスト信仰を堅持して生き残った人々がいました。まさに「そのうちの残りの者だけが帰って来る」のです（イザヤ書10・22）。

戦後の教会は伝道を再開することができましたが、かつてのように隅々にまで手を伸ばすことはできませんでした。辺地の信徒たちは取り残されたままだったと言ってよいでしょう。それでも、彼らはイエス・キリストを頼りに生活し続けてきたのです。そして、この世の最期に臨んで、その葬儀を遠隔地の教会に電話で依頼してきたのです。教会は放っておくわけにはいきません。牧師は自分の教会で信仰生活をしなかったという理由で、見過ごすことはできません。

伝道の困難な地に教会が存在する意義

北陸は真宗（浄土真宗）王国と言われてきました。社会全体に阿弥陀仏信仰が生きているとと言ってもよいでしょう。葬儀一つとってもそれぞれの地にしっかりと根付いたしきたりがあります。仏教徒といえども、家の考えだけで葬式をすることができないのが実情です。集落の人々の手によって葬送される場合もあります。

そういう環境でキリスト教の葬儀を行うことは、土地のしきたりと齟齬《そご》をきたしかねないということです。困難なこと、限りないのです。大変な障害があり、また勇気を必要とするのです。ですからこれは世間に対する大きな信仰告白の表明と言えます。まさに葬儀が信仰告白の場になるのがこの地方なのです。

たとえが適切でないかもしれませんが、あのイエスと一緒に十字架につけられた強盗は「イエスよ、あなたの御国においでになるときには、わたしを思い出してください」（ルカ23・42）と訴えました。土壇場での懇願であり、祈りです。しかしそれに応えて、イエスは「はっきり言っておくが、あなたは今日わたしと一緒に楽園にいる」（43節）と断言されました。

　能登の辺地にあって長い間、教会生活はできなかったかもしれません。それでも一心に求めるならば、神の国に迎え入れられる望みがないわけではないのです。感謝すべきことです。教会はこれにできるだけ助けを差し伸べたいと思います。また都会で生活をしていた際に信仰を得て、晩年を故郷で過ごす人にもそういう機会が与えられます。これが北陸の各地に教会が存在する意義の一つです。

信徒の漁師との交わり

　数年前、石川県の富来《とぎ》伝道所で三十年ぶりに洗礼式が行われました。これは伝道効率から言えば、全く話にならない数字でしょう。企業ならこんな所からはとっくに引き揚げているに違いありません。それにもかかわらず、富来には新しい教会堂が建設されました。老朽化した旧会堂が地震のために崩壊寸前となり、教団諸教会の援助によって再建されたのです。その新会堂が人を招きました。

この能登半島の懐深くにある富来町のすぐ外側には富来漁港があります。ここの鯖《サバ》は逸品です。関サバに引けを取らないと言われています。関に送られているとさえ言われることもあるくらいです。

その富来漁港からそれほど遠くない海沿いに七海《しちみ》という漁村があります。ここにかつてキリスト信徒の漁師がいました。能登の牧師だけでなく、石川県と富山県の牧師たちはよくここに集まり、魚釣りの伝授を受けたものです。周囲からはあいつら伝道の成果が上がらないので、魚を釣ってごまかしていると言われたものです。

その魚釣りの師匠である信徒が天に召されたときのことです。葬儀では普段から教えを受けていた牧師たちが勢ぞろいしてその漁師さんを天に送りました。別に依頼されたわけではありません。ただ日ごろの友誼《ゆうぎ》を感じて勢ぞろいしたわけです。

小さい集落のことですから、村の人々は参加者全員顔見知りです。そこに異形の風貌をした面々が七、八人も顔をそろえました。ガウンを着けている者もいます。これらが牧師（耶蘇《ヤソ》坊主）たちであることはたちどころに知れわたりました。

この地方では葬儀の大小は僧職の人数の多寡《たか》によって判断するのが通例です。これだけの数の聖職者たちが顔をそろえた葬儀はこの村では大事件です。それで大いに村中の話題になり、キリスト教の評価が上がりました。単純なことで評価が左右されるのには恐れ入った次第でしたが、それが先例になったと申しましょうか、今日でも能登では葬儀があると、どこで行われる場合でも、能登三教会の牧師たちが参集して心を込めて葬送するのがならわしになっています。

教会につながるということ

さて、あるときに大先輩である牧師がわたしの教会にやって来て、「頼みがある」とおっしゃいました。信徒のこの人とこの人をこちらの教会で引き受けてくれないかという命令まがいの説得でした。その北陸一の大教会から、できたての小さな教会に転籍させろというわけです。その理由は、あの人たちは大教会の規格に合わず、はみ出てしまい、最後は放り出されかねないからだというのです。つまり、守りきれないからだというわけです。とは言うものの、実は小教会を助けてやろうという温情だったのかもしれません。

しかし、そんな猛者連《もされん》が小さな開拓伝道の教会に入ってきたら、教会はいったいどうなるのだろうか、と恐れました。小さい教会だから大丈夫、彼らの信仰は全うされるとでも言うのでしょうか。しかし、抗弁してもしかたがありません。来るというのを拒むこともできません。

使徒言行録によると、マルコと呼ばれたヨハネはパウロたちの第一次伝道旅行の際に脱落したので、パウロは第二次伝道旅行に連れて行くのを激しく拒否しました（15・37―40）。ところが後にパウロは手紙で「マルコを連れて来てください。彼はわたしの務めをよく助けてくれるからです」（Ⅱテモテ4・11。コロサイ4・10参照）と語るほど二人は親密になっています。

そんなこともあるので、彼らを受け入れました。それから数十年、その家族を含めて、今では彼らは長老をしたり、さまざまな奉仕をして教会生活に励んでいます。

また教区の責任者をしていたおりに、金沢市内のある伝道所の解散に関係しました。伝道所はなくなるのですから、信徒は母教会に帰ればいいのです。ところが、解散に関して母教会との間で多少の齟齬《そご》があったようで、信徒たちは誰一人母教会に帰るとは言わず、市内の諸教会にそれぞれ転入していきました。

その内の一人がわたしどもの教会に転入したい模様で、礼拝に出席しておられました。彼は非常に真面目で、熱意と財貨を献げてかの伝道所発展に力を尽くした人です。しかもその夢が破れたとはいえ、神への忠誠心はくじけることがありませんでした。ただわたしは、彼は母教会の古くからの信徒でしたので、母教会に帰るのが順当だと思って、あえて転入会の相談に乗ることはしませんでした。幸い彼は最終的に母教会に帰り、その後も数十年にわたって忠実に奉仕を続けました。

寄り添い続ける教会

長い信仰生活の中では時にこのようなことが起こります。さまざまな人間関係につまずき、あるいは翻弄《ほんろう》されて教会に行きづらくなることがあるものです。また、前述のように根強い仏教信仰に囲まれて信徒が孤立したり、物理的に教会へつながるのが難しくなる場合も多々あります。

そういう中で、まず「大切なのは……成長させてくださる神です」（Ⅰコリント３・７）という御言葉に目を向け、この神を信頼し、事柄を父なる神にゆだねたいものです。だからといって、わたしたちは引っ込んでいて傍観していればいいというわけではありません。

このような問題と格闘している兄弟姉妹たちを支えるのは具体的にはわたしたちキリスト者であり、教会なのです。パウロも「わたしは植え、アポロは水を注いだ」（同６節）と言っています。わたしたちにも役割があるのです。それぞれの役柄は違うかもしれませんが、与えられた持ち場を守って、多少なりとも手助けさせていただくときに、成果を共に喜び合うことが可能です。それをパウロは「わたしたちは神の同労者である」（同９節。口語訳）と言っています。

大きな期待がわたしたちに負わされていると言えるでしょう。


（日本基督教団隠退教師）

教会の役割

教会は「広場」になろう

新井《あらい》　純《じゅん》

教会がどのようにして社会に対してキリストの愛を分かち合っていくか、同時にいかに地域とつながり、そこで生きる人々を教会に導くきっかけを作るかということは、大きな関心事です。加えて、教会学校の生徒数の激減や、若い世代をいかに教会に導くかということも、ほぼ共通の課題と言えます。保育園や幼稚園、認定こども園などの付帯施設は、それらの課題に応える一つのきっかけになるかもしれません。

しかし、付帯施設のある教会にこれらの課題がないわけではなく、あわせてこのような事業を新たに起こすためには、莫大な資金や労力、ノウハウが必要ですから容易ではありません。もっと草の根的な活動によって社会貢献や教会に連なるきっかけを作ることはできないものでしょうか。

最近にわかに注目され、話題に上っているのが「こども食堂」です。六人に一人と言われる子どもの貧困率がクローズアップされたことを受け、その数は増えているといいます。十分な栄養を摂取できていない子どもたちや、保護者の就労などによって一人で食事をしなければならない子どもたちに、栄養バランスの良い食事を、大勢で楽しく食べることが目的とされているイメージです。確かにそのようなニーズはある一方、親子での利用が多いことから、新たなコミュニティーの創設という側面の方が大きくなってきたというのです。それは一体どういうことなのでしょうか。

高齢者食堂の取り組み

世光《せこう》教会が入っている建物の一階に「スカサ」という一風変わった食堂があります。毎日お昼になると、近隣のお年寄りが集まってきます。メニューは五百円の日替わり定食のみ。大きなテーブル席しかないのでみんな相席です。

この食堂は、世光教会が協力している隣接の小規模デイサービスに給食を提供することを目的とすると同時に、せっかくならば地域のお年寄りの憩いの場として開放してはどうかとのアイディアから、食堂としてもオープンするに至りました。お年寄りは交わりの場が少なく、家にこもりがちで、病院の待合室が交流の場だったりします。それなら、お昼ご飯くらいみんなで一緒に食べたら楽しいわよね、という発想でした。

〔以下は、本稿が初出された新型コロナウイルス感染症拡大前の状況報告となります〕毎日二十名以上、多いときは五十名を超えるお客さんが来られます。世光教会員を中心としたボランティアが当番制で食材の買い出しから仕込みまでをするので、料理のバリエーションは豊富です。

この食堂は交わりの場であることが主目的なので、昼食を食べに来る人たち同士がそこで出会い、語り合います。その中には、生活上のさまざまな問題も持ち込まれます。集まってくるお年寄り同士が慰め励まし合ったりすることはもちろん、具体的な相談事にはボランティアが援助することもあります。ある時とうとう「よろず相談所」という看板まで掲げました。

運営するスタッフの人柄や接客センスも重要です。スタッフの態度がぶっきらぼうで愛想がないのも問題ですが、しつこく話しかけてきたり、あれやこれや詮索するように質問攻めにされたら、うんざりしてしまいます。あくまでも食堂なのですから、落ち着いてご飯をいただきながら、相席になったお客さん同士が語り合い始める、時にボランティアがその橋渡しをして会話を広げ、「ここに来れば、こんなにたくさんの仲間が待っていますよ」というアピールをしていけば、食堂という個性が生かされた交わりの輪が広がっていくのです。

実際、集まって来るお客さんからのリクエストや、持ち込まれた課題に呼応するようにして、手話で歌うサークル、体操教室、ビーズ教室、絵手紙教室、薬剤師によるお薬相談、そしてお年寄りとその家族にとって重大な関心事である認知症の学習会などが開かれるようになりました。そして、これらの教室や集会の会場として、世光教会の集会室も利用され、そこから礼拝につながっていく方も少なくありません。

もっとも、集まって来る方々を教会につなげようということを前面に出しているわけではありません。しかし、教会員の有志が中心的な役割を担っていることから、この食堂にはキリストの香りが漂い、結果的に教会に連なる方々が出てきています。

「スカサ」とは、スペイン語で「あなたの家」という意味です。キャッチフレーズも、ズバリ「あなたの居場所」で、あくまでも出会いと交わりのある憩いの場なのです。

親が抱える問題

少子化が止まりません。それにもかかわらず、保育園の需要は伸び続けています。女性の社会進出、ひとり親家庭の増加、経済的事情による共働きの増加など理由はさまざまでしょうが、子どもを長時間預ける必要性が高まっているようです。それは子どもたちが親と一緒にいる時間が減り、一人で過ごす時間が増える場合もあることを意味します。また、ある程度身の回りのことができるような学年になれば、一人でご飯を食べるという子どもも増えていると聞きます。守られることを必要としている子どもが、必要以上に早い自立を迫られているということです。

一方、育児に関する知識や総合的な力が不足しているのではないかと疑わざるを得ない保護者も増えています。例えば、紙おむつのテレビコマーシャルでは効果を視覚的にわかりやすくするため青い液体を染み込ませていますが、それを見たお母さんが「うちの子は青いおしっこをしないのですが、どこか悪いのでしょうか？」と相談してきたという有名な話があります。絵本を読み聞かせてあげてくださいと言ったら、「どうすればいいのですか？」と返されたこともあります。

深刻なケースだと、離乳食期の乳児にコンビニ弁当を食べさせているという親もいます。それを知った保育士は、「鍋にお湯を沸《わ》かし、お弁当のご飯を入れてやわらかくしてから食べさせてあげてくださいね」と優しく諭《さと》します。それさえ十分ではありませんが、せめてそうしてもらうほかないのです。おかゆを作ってと言ってもできないのですから。

かつては祖父母や育児の先輩方がいろいろ教えてくれたり、手伝ってくれる環境があったでしょう。でも、核家族化や個人主義が進む中、他人のすることに口出しをしないという風潮は子どもたちばかりか、育児をしている親たちをも孤立させるという弊害を引き起こしています。

それでも、保育園や幼稚園に通っているうちはまだよいのです。学校に進学すると、先生や他の保護者との関係はそれまでと違って薄くなりがちです。子どもが成長しても育児の不安や悩みは形を変えるだけで絶えることがありませんから、その時々に適切なアドバイスや励ましが必要です。そんなとき、育児相談などと肩肘《かたひじ》張らずとも、世間話の中で育児の悩みや相談ができるような環境があったら、どんなに心強いでしょうか。

声を上げられない人のために

公園があれば、そこに子どもたちが集まり遊び始めます。同じように、さまざまな意味での「広場」を作れば、そこに人が集まって何かが始まります。しかし、ボランティアの志を持つ人がいても、受け皿がなければ何も始まりません。逆に、広場さえあれば、そこにはたくさんの知恵や力が持ち寄られ、それが生かされる場面が作り出されます。

貧困、虐待、育児放棄など、子どもを取り巻く環境には多くの課題があり、発達障害、不登校などの困難を抱えている子どももいます。そのような中、子どもも保護者も新たな友を得て、悩みを共有し、互いにアドバイスしあったり、励ましたり支えたりする関係が求められているように思います。新たな友ができれば、孤独感から解放され、育児への新たな知恵と力も得られるでしょう。こども食堂はそうした役割の一端を担っているようです。

イエスさまは、「疲れた者、重荷を負う者は、だれでもわたしのもとに来なさい。休ませてあげよう。わたしは柔和で謙遜な者だから、わたしの軛《くびき》を負い、わたしに学びなさい。そうすれば、あなたがたは安らぎを得られる」（マタイ11・28―29）とおっしゃいました。老若男女を問わず、出会いや憩いの場を求めながらも声を上げられずに悩み苦しんでいる方々に、教会は「わたしのもとに来なさい。休ませてあげよう」と声をかけることができるのではないでしょうか。教会は広場になれるのですから。

（日本基督教団 世光教会牧師、日本キリスト教保育所同盟理事長、社会福祉法人世光福祉会理事長）

聖礼典

洗礼の恵み、聖餐の喜び

芳賀《はが》　力《つとむ》

「汚れっちまった悲しみに、今日も小雪の降りかかる」（中原中也）

思い返せばそれは、ふとした心の緩みから生じてしまったことでした。それがおごりというものでしょうか。つい欲望にうつつをぬかし、身勝手にも大切な人の愛を裏切って、その人の人生を台無しにしてしまいました。起きてしまったことはもう、取り返しがつきません。愚かと言えばあまりにも愚か。ただ軽率だった自分を責めるほかありません。どうしたらよいのでしょう。

「わたしは心を清く保ち　手を洗って潔白を示したが、むなしかった」（詩編73・13）

しかし、悔やむ心を奮い立たせ、何度手を洗っても、この心の汚れをぬぐい去ることはできません。

「わたしは心が騒ぎ　はらわたの裂ける思いがする。わたしは愚かで知識がなく　あなたに対して獣のようにふるまっていた」（同21―22節）

一　洗礼の恵み

そう、恵みを受けて抜擢《ばってき》されたあのダビデ王も、ウリヤの妻バト・シェバを自分のものにしようと過ちを犯したとき、預言者ナタンを通して自分の罪深さを思い知らされ、獣のようにのたうち回ったにちがいありません。そして彼はただ神に向かって、心の清さを求めるほかないことに気づいたのです。

「ヒソプの枝でわたしの罪を払ってください　わたしが清くなるように。　わたしを洗ってください　雪よりも白くなるように」（詩編51・9）

でもどうしたらそんなことが起こるのでしょう。汚れてしまった私たちの存在が雪よりも白くなるなどということが。

ところが、それが現実に起こるのです。この奇跡のようなことが主イエスという方によって、確かに始められたのです。それは、主イエスが罪人である私たちのために、ヨルダン川で洗礼を受けるところから始まりました。毎日沐浴《もくよく》するのとは違い、いったん水の中に沈められ、そしてそこから起こされるということの行為は、過ちの中にいた古い罪人の自我が死んで新しい自己へと生まれ変わることを意味しました。過ちとは無縁の方がそれをしてくださったということは、過ちの中にいる私たちのためにこそ、わざわざそれをしてくださったということです。

信仰の奥義――キリストを着る

この洗礼の中で示されている事柄は、隠されている主イエスの生涯の秘密を解き明かすものです。主イエスの生涯は、自分では落とせない心の汚れを神が落とし、罪人を死なせ、私たちを新しい人間に生まれ変わらせるための神が与えてくださった特別の生涯です。実に、十字架で死んで三日目に甦《よみがえ》るという主イエスの出来事は、私たちの生まれ変わりのために神が起こしてくださった出来事なのです。

このことを理解した弟子たちは、主イエスが自らそうなさったように、自分たちも洗礼を受けました。そして、同じように生まれ変わりを求める者たちに、イエスの名によって洗礼を施しました。そのときの条件はただ一つ、神が主イエスを通して与えようとしておられる無償の赦《ゆる》しをただ信じるということです。そして信じるということは、神がこんな自分をも受け入れてくださるのだということを、驚きをもって受け入れることです。

神によって受け入れられた人間は、神のいない人生ではなく、神と共なる新しい人生を歩み始めます。そのことを初代教会は「新しい人を着る」と言い表しました。「滅びに向かっている古い人を脱ぎ捨て、心の底から新たにされて、神にかたどって造られた新しい人を身に着け」（エフェソ４・22―24）るのです。

ふつうの衣服であれば、汚れたら着替えればよいでしょう。簡単なことです。でも自分の存在全体に関わることであれば、いったいこの存在に替えてどの存在を身にまとえばよいのでしょう。それはキリストという晴れ着です。「洗礼を受けてキリストに結ばれたあなたがたは皆、キリストを着ているからです」（ガラテヤ3・27）。それが洗礼において起こることです。

　私たちが自分の人生を新しくするのではありません。ただ私たちがキリストにつながるなら、神と私たちとの関係が客観的に変わり、そのことからすべてが変わり始めます。私たちは「洗礼によって、キリストと共に葬られ、また、キリストを死者の中から復活させた神の力を信じて、キリストと共に復活させられたのです」（コロサイ2・12）。

二　聖餐の喜び

決定的なメシアの食卓

　主イエスの生涯の秘密を解き明かすもう一つのしるしが聖餐です。主は多くの罪人たちと一緒に食卓を囲みました。またガリラヤの野辺で、飼う者のない羊のような有り様で飢え渇いていた群衆に食べ物と飲み物を分かち与えました。

これらは来るべき神の国の祝宴を先取りして祝うメシアの食事です。そのメシアの食事が本当に実現するようにと、主イエスは決定的なメシアの食卓を用意します。過越の祭のさなか、ご自身を過越の小羊として見立て、これから起ころうとしている受難と死の意味を弟子たちに知らせるために、最後の晩餐の時を過ごします。その席上、思いがけないことが起こります。

「一同が食事をしているとき、イエスはパンを取り、賛美の祈りを唱えて、それを裂き、弟子たちに与えながら言われた。『取って食べなさい。これはわたしの体である。』また、杯を取り、感謝の祈りを唱え、彼らに渡して言われた。『皆、この杯から飲みなさい。これは、罪が赦《ゆる》されるように、多くの人のために流されるわたしの血、契約の血である』」

（マタイ26・26―28）

主は弟子たちに、今はわからなくても後から思い出せるようにと、十字架の死の意味を、忘れようにも忘れられない仕方でありありと記憶に刻み込ませたのです。

復活の主が彼らに現れ、聖霊が彼らの暗い心に働きかけたとき、彼らは衝撃的な出来事の一部始終を思い起こし、特に最後の晩餐の席上語られたこれらの主の言葉を思い起こしました。人間が身勝手にも壊してしまった神との契約関係を、神ご自身が御子の十字架の血潮によって新たに打ち立ててくださったのです。わたしが再び来るまでこれを繰り返しなさいと言われた言葉に従って、弟子たちはこの「主の死を告げ知らせる」食事を、罪の赦しをもたらす特別の食事として祝うようになりました。

信仰の飢え渇きを満たす特別の食卓

聖餐はもはや愛餐とは違い、信仰の食事になりました。たとえそれが、復活が起こった日曜日を覚えて主の日の朝に行うことになったとしても、彼らはそれを「主の晩餐」と呼び続け、「渡される夜」の記憶と結びつけることをやめませんでした。それほどにこれは、主の名によって洗礼を受け、主によって贖《あがな》われた者たちにとって、腹を満たし交わりを楽しむ普通の食事ではない、信仰を満たす特別の食事だったのです。

肉体にも飢え渇きが生じるのと同じように、信仰にも飢え渇きが生じます。人生は荒れ野です。地上を旅する者にとって、私たちを神から遠ざけようとする誘惑はたえず起こり、試みは何度も私たちを襲います。その上私たちは、何と恵みを忘れやすい者たちでしょう。せっかくエジプトの国、神を恐れない現代社会という「奴隷の家」から導き出された者たちだというのに、救われた恵みを忘れ、試練に遭うとすぐ弱音を吐き、エジプトの肉鍋を恋しがる始末です。

しかし思い起こしてください。私たちはすでに紅海を渡った者たちなのです。いったん水に沈められ、奴隷の家の古い生き方に別れを告げ、約束の地を目指す神の民とされた者たち、すなわち洗礼を受けた者たちなのです。そのような私たちに、荒れ野にあって洗礼の恵みを絶えず思い起こすためにこそ、神との交わりを確かにする信仰の食事である聖餐が与えられています。

「わたしたちの先祖は皆、雲の下におり、皆、海を通り抜け、皆、雲の中、海の中で、モーセに属するものとなる洗礼を授けられ、皆、同じ霊的な食物を食べ、皆が同じ霊的な飲み物を飲みました」（Ⅰコリント10・1―4）

聖餐はまさにこの洗礼の恵みを思い起こすための、信仰をもって祝う喜びの食事です。

キリストによってこの私が受け入れられたのだという事実を、忘れっぽい私たちが忘れないように、わざわざ神が備えてくださった礼典です。

誰にでも開かれている神の招きに応えて、悔い改めの洗礼を受け、信仰をもってキリストとの交わりにあずかりましょう。そうすることで後から来る兄弟・姉妹たちに、身をもって伝えましょう。

「さあ、思い切ってあなたも私に続き、一緒に喜んでください」と。

（東京神学大学学長）

洗　礼

洗礼とは何か

断つ者ではなく、つなぐ者として生きる

岡本知之《おかもとともゆき》

罪とは、関係を断つこと、その結果は死

罪とは何でしょうか。それは他者との関係を断つことです。そして私が自分との関係から消した人は私にとって「死んだも同然」の人となります。中でも神との関係を断つことは自分の存在の根拠としての神を殺すことですから、それはとりもなおさず自分自身を殺すことにほかなりません。

その消息をイエスは一つの譬《たと》えを通して語っています。あの有名な「放蕩《ほうとう》息子」の譬えがそれです（ルカ15・11―32）。

この譬えの中で、息子は父に財産の生前贈与を求めます。本来父の死後に与えられるものが遺産ですから、この息子は自らの心の中で父を殺したことになります。

そして財産を受け取った上で「遠い国」へ旅立ちます。心の中で殺してもなお父は生きているのです。父の近くにいること自体が苦痛だったのでしょう。その姿の見えない所に逃れ行き、肉眼で見える世界の中での父殺しを完成させるのです。しかしその結末は悲惨なものでした。父を殺した息子はそのことによって完全な孤独という、自分自身の死に直面することになったのです。

罪とはこのように、神との関係を断ち、神を殺し、最終的に自分をも殺してしまう私たちの生き方そのもののことであり、その真ん中には自己中心の、自らを神として生きる生き方があります。パウロはそのような人間のあり方を「肉に従って歩む者」また「おのれの腹を神とする生き方」と呼んでいます（ローマ8・5、16・18、フィリピ3・19）。

命につながる死

死には二つあります。一つは今まで述べてきたように、自ら神との関係を切断し、神を殺すことによって自分もまた神に対して死ぬ「死」です。この死は永遠の滅びにつながります。

いま一つは、父なる神の元に帰るために、神を殺した自分（古き己《おのれ》、肉なる我《われ》）に死ぬ「死」です。この、古い自分に死んで神との関係に甦《よみがえ》ること、これが洗礼（バプテスマ）によって与えられる恵みの中身なのです。

そのことのお手本を、イエス自らがその宣教の生活の初めに、この世界に向けて示されました。それが洗礼者ヨハネからのヨルダン川での受洗の出来事です。バプティゼイン（＝ギリシャ語で「沈める」「浸す」）という言葉が表すように、まずイエスはヨルダンの水の流れの中に沈められ（つまり自らに死に）、次に水から上がられた（つまり神との霊的なつながりの中に甦られた）のです。「神の霊が鳩のように……降《くだ》って」（マタイ3・16）とはそのことを表す聖書的表現です。

そして、イエスにおける死と甦りは、主イエスの生涯の最後に、いま一度、さらに決定的な形で繰り返されることになります。十字架の死と復活がそれです。バプテスマによって開始されたキリストの生涯が神によって完成されたのです。

私たちが洗礼を受ける時、まずキリストの死に結び合わされ、その後、キリストの復活に合わせられます。肉に死んで、霊に甦るのです（ローマ6・3―9）。洗礼はその意味で「聖霊によって新しく生まれさせ、新たに造りかえる洗い」（テトス3・5）であり、受洗の恵みに与《あずか》った者は「新しく創造された者」（Ⅱコリント5・17、ガラテヤ6・15）なのです。

恵みとしての洗礼

さて先の譬えの中の息子は、どのようにして「自己の死」から逃れることができたのでしょうか。それは、「我に返って」父の元に帰ることを決断することによってでした。これと同じく、洗礼を受けることは、まぎれもなくこの私自身の決断による行為です。

しかしこの決断は、これに先行する恵みによって裏づけられて初めて意味を持つのです。

主イエスは、十字架の上で私たちの罪を担い、執《と》り成《な》しの祈りを捧げて私たちの罪を滅ぼし、神との和解（つまり関係の回復）へと私たちを導くことによって、私たちの命を滅びの淵から神の永遠の命の側へと贖《あがな》い取られたのです。そのゆえに、私たちはその救いの事実を受け入れることができるのです。信仰とはこの救いの出来事を、神の側からの一方的な恵みとして受け入れることを意味します。

先の譬えにおいて、息子は確かに自らの決断において父への立ち帰りを果たしました。しかしその決意も、息子の帰りを待つ父ありてこそ実を結ぶ決断であったのです。息子が「まだ遠く離れていたのに、父親は息子を見つけて、憐れに思い、走り寄って首を抱き、接吻《せっぷん》した」、その父の心あればこそ、息子の立ち帰りが実を結んだのです。遠くにいるうちに我が子を見つけたのは、この父が、一日も絶えることなく、また一時も休むことなく、息子の去った方角に目をこらし続けていたからです。息子より「先に」父が息子を見つけたのです。そして息子が練習してきた言い訳をさえぎり、「雇い人の一人にしてください（親子の関係を解消する）」の一言を言わせることなく、元の親子の関係の中に迎え入れた（甦らせた）のです。

信仰がこの私の選びであり決断であるということに尽きるのであれば、主のみ体なる教会の一員とされるのに、信仰の宣言だけで十分だということになるでしょう。しかし私たちがイエスをキリストと告白しうるのは、父と子と聖霊なる神の、愛と贖いと招きあればこそです。その招きに対して、私たちは、立ち帰り＝回心と信仰の告白、受洗を通して応答するのです。

私たちは自分で自分に死ぬことのできない者です。また自ら甦ることもできません。だから授洗者の手によって水に沈められ、その手によって起こされねばならないのです。その手に完全にゆだねることによって私たちは新しい命へと起こされるのです。

全世界に宣べ伝えよ

洗礼式には古来信仰の告白が伴いました。使徒信条の告白する「死にて甦り」とは、単に肉の命に蘇生《そせい》することではありません。イエス・キリストの復活とは、「わが神、わが神、なんぞ我を見棄て給ひし」との叫びに象徴されるように、父なる神による十字架の死への遺棄（すなわち関係の切断）を経て、三日目に父なる神との関係の中に起こされたことを意味します。つまり復活とは父なる神との関係への復活であり、甦りだったのです。

放蕩息子の譬えでは、このことは「死んでいたのに生き返った」という言葉で表現されています。復活とはまさに、父との関係の中に甦ることにほかなりません。自らを神とし、自己中心の世界、神抜きの世界に生きていた私が、神との関係の中に甦ること、それが洗礼により実現する救いの事実です。ですから洗礼を受ける時、私たちもまたあの息子のように、肉なる自分に死んで、神の永遠の命の中に甦るのです。この地上の生を生きつつ、神の永遠の命との交わりの中に生きる者とされるのです。

それゆえイエスは言われました。「だれでも水と霊とによって生まれなければ、神の国に入ることはできない」（ヨハネ3・5）。また「あなたがたは行って、すべての民をわたしの弟子にしなさい。彼らに父と子と聖霊の名によって洗礼を授け、あなたがたに命じておいたことをすべて守るように教えなさい」（マタイ28・19―20）と。すべての者を、洗礼を通して、この父なる神との関係の中に甦らせよとのご命令です。教会はこの主のご委託に応えて福音を宣《の》べ伝え、洗礼を授け、すべての民を弟子としてその群れを形造るのです。

関係をつなぎたもう神

このように、私たちは洗礼式において、イエスをキリスト、わが救い主と告白し、告白共同体としての教会に加えられます。それは聖霊の導きなしには起こり得ないことです。私たちは洗礼に与《あずか》ることを通して、その恵みが神の霊の働きによるものであることを証しするのです。

受洗の事実は、この告白共同体の一員とされたことの消えることのない印です。私たちはどんなときにも、この恵みの事実から後退することがあってはなりません。それが神がこの私の人生に与えてくださった救いの原点なのですから。

最後にもう一度あの譬えに戻りましょう。帰ってきた息子に肥えた子牛を屠《ほふ》ってやる父親に兄は言います。「あなたのあの息子が」と。ここで兄は弟との関係を切断し、怒りとともに弟の存在を父に投げつけています。その兄に父は静かに、しかし断固とした口調で言うのです。「お前のあの弟は」と。父は兄弟の関係を再び回復するよう求めるのです。人が切断する関係を神が回復されるのです。

洗礼を受けることは、このように、断つ者ではなく、つなぐ者として生きることを意味します。その恵みをこそ証ししつつ歩む者でありたいと願います。

（日本基督教団 洛北教会牧師）

Ⅱ　教会生活の喜びと希望

人　生

生き方をとおして福音を証ししよう

私たちの中にある情熱で

小友《おとも》　聡《さとし》

伝道への情熱と希望

私の出身は青森県の黒石です。今からおよそ百四十年前の一八七八（明治十一）年、弘《ひろ》前《さき》に設立されたばかりの東奥《とうおう》義塾の学生三人が黒石にやって来て果敢にキリスト教の伝道を開始しました。このとき生まれたのが、現在の日本基督教団黒石教会です。

この百四十年前の黒石教会設立時の逸話をイザベラ・バードという英国人の女性旅行家

が『イザベラ・バードの日本紀行』（一八八〇年）の中に書いています。サムライ出身の若者たちが、黒石滞在中のこの英国人女性を訪ね、片言の英語で「この黒石の人たちに福音を伝えたいのです」と熱っぽく語った、というのです。

本州最北の雪深い津軽の地で、国家も社会も大きく変動した明治維新直後の大混乱の時代に、米国人宣教師から知らされたキリストの福音を真っ先に信じ、洗礼を受けるやすぐさま伝道を開始した若者たち。彼らは夢中になって黒石で伝道し、教会を創りました。その燃えるような情熱に胸が熱くなります。

私はこの小さな教会で信仰を育まれ、やがて牧師となって、現在は伝道者を養成する務めをも任されています。今、私が自らに問うのは、百四十年前のあの若者たちの伝道へのエートス（情熱）が果たして今の私の中に継承されているだろうか、ということです。

イザベラ・バードはイギリス聖公会の牧師の娘でした。彼女は明治初期の日本を旅し、当時まだわずかだった日本人キリスト者たちについて、こう書いています。「真の改宗者はそのひとりひとりが単なる改宗者ではなく、伝道師であり、また高い道徳観の中心であり、そこに日本の将来に対する大きな希望があるのです」（『イザベラ・バードの日本紀行上・下』講談社学術文庫）。

　彼女は、日本が現在ものすごい勢いで西洋文明を取り入れているが、キリスト教を拒み、社会も政治も物質主義で道徳的にゆがみ、先が危ういと警告しています。だからこそ、この日本人に福音を伝える必要を訴え、洗礼を受ける日本人が皆伝道師となってキリストの福音を伝えてほしい、そこに日本の将来の大きな希望がある、と書きました。

　イザベラ・バードが書いたことは、百四十年後の現在の私たちにも伝わるメッセージだとしみじみ思います。

キリストの香りを放つ伝道を

　二〇一七年は宗教改革五百年の記念の年でした。また日本のプロテスタント伝道が始まって約百五十年がたちます。しかし、日本のキリスト教人口はいまだ一パーセントに届いていません。私立大学などキリスト教学校の数ではある程度の伝道の成果はあったとはいえ、教会で洗礼を受け、礼拝に集うキリスト者は百万人に届きません。いや、現在、日本のキリスト教人口は増えるどころか徐々に減少しています。その減少は都市の教会においてよりも地方の教会において顕著です。
教会を復興する人が必要です。伝道者が必要です。そのために献身者を募り、伝道者をもっと増やさなければなりません。けれども、牧師になる人が増えさえすれば日本の教会が復興するという能天気なバラ色の夢を私は見ません。必要なのは牧師だけではありません。むしろ、信徒の皆さんの働きがどうしても必要になります。私はこのことを強調したいのです。

イザベラ・バードが「真の改宗者はそのひとりひとりが伝道師」と百四十年前に書いたように、洗礼を受けたら皆が伝道者となって、伝道への情熱と意欲を持ち、総力で伝道を担うという戦略があらためて立てられないでしょうか。もちろん、それは信徒が牧師の代わりになるということではありません。信徒には信徒らしい伝道があります。それは生き方においてキリストの香りを放つという伝道です。

ある地方教会の信徒を思い出します。町の小児科医院の女医さんです。病院の待合室に国際ギデオン協会の新約聖書をたくさん並べて置き、「ご自由にどうぞ」と張り紙をしました。毎日、子どもを連れ、不安を抱えて診察を待つ母親たちが、病院の医師の優しさと親切な態度に触れ、ほっとして聖書をもらって帰ります。

その母親たちの中から聖書を読んで心を動かされ、やがて「あのお医者さんが通っている教会に行ってみよう」と子どもを連れて教会にやって来る人がいるのです。「先生にお世話になりましたので教会に来てみました」という新来者が、礼拝につながり、洗礼を受け、教会の枝となりました。とてもさわやかな、心に残る信徒の生きた信仰の証しです。

「生き方において、キリストの香りを放つ」伝道とは、こういうことではないかと思うのです。皆でそのように生き方による伝道をして、教会の伝道を担っていけないでしょうか。牧師のような説教者でなくても、一人ひとりが「キリストの香りを放つ伝道師」なのです。

もう一つ思い出すことがあります。ある地方教会の女性は結婚後、教会に行くことを夫から厳しく禁じられました。日曜日の朝、居間の片隅で涙を流しながら一人で聖書を開き、か細い声で賛美歌を歌いました。三人の子どもたちは、その母親の日曜日の姿を見て育ちました。優しい母親が命がけで大切にしているものに気付かされ、三人とも教会に通って受洗、夫もやがて教会に導かれて洗礼を受けました。

生き方によって福音を伝える伝道ということを、この女性もまた教えてくれます。

人生を主にお捧げし、福音を伝えたい

五年前、私はまったく予期せず脳梗塞の発作に襲われました。人生の終わりを突然突き付けられ、朦朧《もうろう》とした意識の中、残った時間を何に捧げるべきかを真剣に考えました。その経験を、ある機関誌に「献身の勧め」として書きました。「もし残された時間がわずかしかないならば、その時間を自分のためではなく、主のために、伝道のために使わせていただきたい。このように考え、献身する人はいないでしょうか。残る生涯を伝道のために捧げたいと思う人はいないでしょうか」。この呼びかけに応えて、東京神学大学に編入学した牧師夫人がいます。

おそらく皆さんも、「福音を伝えたい」というやむにやまれぬ思いを持っていることと思います。もし自分に残された時間が限られているなら、またほんのわずかでも主のお役に立てるのだったら、すべてを捧げても惜しくはない、と。そういう思いを日本中のキリスト者が共有できないでしょうか。もちろん、福音を伝える思いを実行するのに皆が伝道

者になる必要はありません。信徒一人ひとりの置かれた立場と場所で可能なことがきっとあるはずです。

黒澤明監督の映画『生きる』を思い出します。定年前にふとしたきっかけで自分が末期がんであることを知った無能な役人。彼は愕然《がくぜん》とし自らの不条理を嘆きますが、やがて仕事を開始しました。それまで自分が握りつぶしていた住民による公園建設の嘆願書を引き受けて、一心不乱にそれに取り組んだのです。そしてついに完成した公園のブランコに乗り、彼は満面の笑顔で歌をうたいました。それが彼の人生の最期でした。まったく世俗的な娯楽映画ですが、これは私たちに終末論的人生ということを教えてくれます。

旧約聖書の「コヘレトの言葉」にこういうことが書かれています。「青春の日々にこそ、お前の創造主に心を留めよ。苦しみの日々が来ないうちに」（12・1）。

旧約聖書の時代、平均寿命は三十五歳ほどでした。七十歳、八十歳まで生きられる人は限られていたのです。二十歳になった若者が生きられる年数は長くはありませんでした。青春を生きられる時間はわずかなのです。だからこそ、コヘレトは神さまから与えられている「今」という時を徹底して生きよ、と説いたのです。

人生の終わりに何をすべきでしょうか。たとえ明日、世の終わりが来ようとも、今日私はリンゴの木を植えよう。これは宗教改革者マルティン・ルターの言葉と言われます。植えたリンゴの果実は次の世代の人々が食べるのです。このような生き方を選び、残りの人生を主のために捧げようと思う人がきっといるに違いありません。

本書を読む皆さんが、それぞれできる仕方で伝道を担う働きをしてくだされば、日本の教会は復興できるのではないでしょうか。福音を伝えたい！　この、やむにやまれぬ思いを皆さんと共有し、何ができるかを一緒に考えてみたいと思います。

（日本基督教団 中村町教会牧師、東京神学大学教授）

新来会者

新しい証人、新しい出来事

平野《ひらの》克己《かつき》

主に妹、弟と呼ばれながら

主イエスの弟子たち、そして、主と共に旅をしていた女性たちにとって、とりわけ忘れられない瞬間がありました。主イエスが自分たちの方を指して、こう言ってくださったのです。「見なさい。ここにわたしの母、わたしの兄弟がいる」（マタイ12・49）。

礼拝に集うわたしたちすべてもまた、主イエスの弟子です。主は今も、わたしたちを指して、同じことを語ってくださいます。「ここにわたしの妹、弟がいる!」。なんと驚くべき、なんと幸せなことでしょう。

そのような光栄な言葉とは裏腹に、あの日も今も、主イエスの周りに集まる人たちの中には、見栄えがよい者はほとんどいません。主イエスは別の機会にこのように語っておられます。「行って、見聞きしていることをヨハネに伝えなさい。目の見えない人は見え、足の不自由な人は歩き、重い皮膚病を患っている人は清くなり、耳の聞こえない人は聞こえ、死者は生き返り、貧しい人は福音を告げ知らされている」(マタイ11・4—5)。主イエスが歩む旅に参加する人々の多くは、目が見えなかったり、足が不自由だったり、つまりつい先日まで、主に出会うまでは、どこかが、何かが傷ついていたのです。

傷が癒やされたとしても、それ相応のリハビリ期間が必要です。わたしたちもいまだ、完全な健康を取り戻す途上にあります。わたしたちはいまだにこの目で見るべきものをはっきり見ることができなかったり、いまだにこの足で心軽やかにスキップできなかったり、あるいは人付き合いにおじけづいたままであったり、大切な言葉を聞き取れなかったり、さらに、今なお死の誘惑に陥りそうになったり——そんな日々であるかもしれません。

そうです。主が「妹よ」「弟よ」と呼んでくださる相手は、「豊かな人」ではなく「貧しい人」たちなのです。けれども、そこに唯一、しかも決定的な違いがあるとするなら、「貧しい人」たちが「福音を告げ知らされている」ことでした。

復活された主イエス・キリストは、今も、特に教会の礼拝において、激しく働いておられます。わたしたちは、主イエスの口から出る言葉によって癒やされ、力を与えられ、それなのに幾度も転び、ひっくり返り、同じ失敗をしながら、それでも主イエスの福音を聞きながら生きていくことができるのです。ここにわたしたちの喜びがあります。主イエスは、わたしたちを「兄弟と呼ぶことを恥としない」（ヘブライ2・11）のです。

わたしたちが忘れがちなこと

教会、それは天を本国とさせていただきながら、主イエスと共に生きる者たちの集い、天の国のコロニーです（フィリピ3・20）。横浜や東京の池袋に行けばチャイナタウンがあり、東京の大久保に行けばコリアンタウンがあります。その街だけではなく、人々の生活の姿に、中国、韓国の香りをかぐことができます。同じように、教会は天の国の香りがするコロニーです。わたしたちの傷跡からさえ、主イエスの栄光が漏れ出ています。

けれども、わたしたちは、新来会者を迎えるときに、教会がどのような集いであるかを忘れてしまうことがあります。米国聖公会の説教者バーバラ・ブラウン・テイラーが、説教の中で次のように語っています（『明白なる神のパラドクス』、キリスト新聞社刊の拙著『いま、アメリカの説教学は』に所収）。「最近のインタビューで、小説家レイノルズ・プライスが……自分が教会に行かないのはなぜか、ということについて語っていました。……『この数年、わずか数回ですが、教会に行くこともありました。……そのときすぐに話しかけられたことは、リトルリーグのコーチをしてもらえないか、水曜の夜にちょっと話をしてもらえないか、あるいは日曜の午後に男性のハンドベル・クワイヤの練習があるが来てみないか、ということでした。教会はあらゆることをとりそろえた娯楽団体施設になってしまいました。本当は神の生きておられる所でなければならないのに』」

新来会者が探しているのは

そして、バーバラはこう問いかけて答えます。どうして、教会の礼拝に出席する人が、なかなか続けて来会することがないのか。「彼らが探しているのは、神がそこにおられると感じることができる場所、その神の現臨によって人生を変えられたことを示す何らかの痕跡を持つ人々がいる場所です。彼らが探しているのは、天が見えるコロニーです。そして、彼らはわたしたちのところではそれを見つけられないのです」。

手痛い一撃です。わたしはこの文章を読むと、わたしたちがどこかで大きな勘違いをしているのではないか、そう思えてならないのです。

日本では、野球のリトルリーグや男性のハンドベル・クワイヤを持っている教会があると、聞いたことはありません。それでも、わたしたちはさまざまな「娯楽」を用意しながら、教会に人を招こうとしてしまいます。しかし、教会を訪ねる人たちは、きっとわたしたちと仲良くなることに最大の関心はないはずです。新来会者たちが探しているのは、神です。神によって、人生を変えられたことを示す痕跡を持つ人々がいる場所です。天の国の香りがし、天をのぞき見ることのできるコロニーです。

わたしたちは、もっともっと、自分たちを信じてよいのではないでしょうか。わたしたちは、主イエス・キリストの妹であり、弟です。わたしたちの人生には、神の現臨によって人生を変えられた痕跡が、深く刻みつけられています。相変わらず不器用かもしれません。それでも、わたしたちは幾度も主イエス・キリストによって助けていただきながら、歩んできたのです。神を信じること、自分を信じること、そして、教会に集う仲間たちを信じることは、一つのことなのです。

パウロは語ります。「あなたがたは、キリストがわたしたちを用いてお書きになった手紙として公《おおやけ》にされています」（Ⅱコリント３・３）。新来会者にとって礼拝で耳を傾ける説教がもしも難しいとしても、礼拝に集う一人ひとりのたたずまいが福音を告げ知らせています。わたしたちは、キリストがその血をインクにして書き記した「手紙」なのです。

また、説教をする方たちには、このようにお伝えしたいと思います。礼拝の場に新来会者がいることがわかったなら、その人に伝わる言葉で語ってください。たとえ、徹夜で準備した完全原稿を捨てることになっても。

神が何かを始めてくださる

新来会者があなたの群れを訪ねるとき、何かが新しく始まろうとしています。わたしたちには、受洗者を生み出す力はありません。受洗者を導くことはできても、最終的に受洗者を生み出すことができるのは、神お一人です。復活の主が、その人を訪ねてくださらなければ、何事も起こりません。同じように、わたしたちは新来会者の百パーセントを礼拝のリピーターにすることはできません。それをなされるのは、神お一人です。

それでも、わたしたちにもできることがあります。それは生き生きとした礼拝をかたちづくりながら、その礼拝に人を招くことです。一人、二人を誘って、遠回しに断られてもあきらめないようにしましょう。十番目の人がようやく礼拝に出席し、それなのに二度と教会に来なくなっても、がっかりしすぎないようにしましょう。日本のキリスト者は人口のおよそ百分の一です。五十人誘って、一人が礼拝に定着すれば、確率上は大成功です。

新来会者が訪れたら、その人にあれこれサービスしなくてもよい、わたしはそう考えています。もしかすると、わたしたちは新来会者に対してサービスが足りないのではなく、サービスしすぎなのではないでしょうか。受付で住所を記してもらい、礼拝前から話しかけ、報告の時間にはその人を紹介して歓迎し、礼拝後には会話に弾みをつけようと、共通の話題が見つかるまであれこれ質問する――そんなことをした後に、その人が再び礼拝に来ないことを訝《いぶか》しがるとしたら、それはわたしたちの感覚がどこか鈍磨しているのです。新来会者が探しているのは、神がそこにおられると感じることができる場所、神の現臨によって人生を変えられたことを示す何らかの痕跡を持つ人々がいる場所です。新来会者が探しているのは、天が見えるコロニーです。

そして、あなたこそ、天の国の香りがする人、あなたこそ、天がのぞき見える人です。ただそのことを信じ、新来会者が何かを感じ取ってくれることをそっと祈る。あとは、礼拝に集中して、心を込めて歌をうたい、真剣にみ言葉に耳を傾ける。それこそが、新来会者への最大の歓迎のわざであるように思うのです。

新来会者が教会を訪れるとは、新しく主イエスの妹、弟候補が教会に来ることです。新しい主の証人候補の登場です。この人の上に、主イエス・キリストが、何かを始めようとしておられる。そのことを、心静かに待ってみる。そのとき、神は鮮やかに働いてくださることでしょう。そしてわたしたちは、その目撃者となるのです。

（日本基督教団 代田教会牧師）

賛　美

御国を目指す賛美の群れ

橋本《はしもと》いずみ

幼き日の教会での賛美

教会の礼拝で賛美をしているとたまに思い出す光景があります。椅子の上に登って立ってもまだ大人と同じ目線にならない頃のこと。賛美をしながら涙を流していた人、普段、歌なんて歌いそうもない人が大きな声で歌っていたこと。そして、誰かと目が合えば、微《ほほ》笑《え》んでくれたこと。まだ、楽譜どころか文字も読めず、歌われている言葉の意味も分かりませんでした。けれども、賛美歌の音が聞こえ始めるとわたしも出番だと椅子の上に立ちあがりました。あれから月日が流れて、今でも主の日ごとに、主に向かって賛美する人たちの中で、わたしも賛美しています。

クリスマスによく歌われる賛美歌の一つに「もろびとこぞりて」という賛美があります。「しゅはきませり、しゅはきませり……」と1から3節の最後に繰り返されます。4節はそれが「ほめたたえよ」と歌います。語呂《ごろ》が良く繰り返されることばが好きでした。ある時、この賛美は、「主が来られた」ということを喜び歌っていることに気づかされ驚きました。クリスマスと賛美はよく似合います。

イエス・キリストの誕生と賛美

聖書のクリスマスの場面でも、神をほめたたえ、賛美する天使や人が登場します。イエス・キリストの誕生が予告された後、エリサベトとの出会いによってマリアは「主をあがめ……神を喜びたたえ」（ルカ1・46―47）ました。洗礼者ヨハネが生まれた時、その父ザカリアは「神を賛美し始め」（同64節）ました、「ほめたたえよ、イスラエルの神である主を」（同68節）と。そして、イエス・キリストがお生まれになった夜、天使たちは「神を賛美し」（同2・13）ました。羊飼いたちも、救い主にお会いして、「神をあがめ、賛美しながら」（同20節）自分の持ち場へと帰って行きました。年老いたシメオンやアンナも、幼子主イエス・キリストにお会いして「神をたたえ」（同2・28）、「賛美し」（同38節）ています。

イエス・キリストがほめたたえている

主イエスさまも神をほめたたえておられます。七十二人の弟子たちが派遣され帰ってきた時、喜びあふれて「天地の主である父よ、あなたをほめたたえます」（ルカ10・21）と言われています。また、群衆を憐れみ、彼らの空腹を満たそうとする時、「五つのパンと二匹の魚を取り、天を仰いで賛美の祈りを唱え」（マルコ6・41）、弟子たちに渡して配らせました。十字架にかかられる前、弟子たちと最後の食事をされた時も、主イエスはパンを取り「賛美の祈りを唱えて」（同14・22）それを裂き、弟子たちに与えて「取りなさい。これはわたしの体である」と言っておられます。さらに、最後の晩餐の後、「一同は賛美の歌をうたってから」（同26節、マタイ26・30）オリーブ山へ出かけました。

弟子たちが神をほめたたえる

主イエスさまが天に上がられたのを見届けた弟子たちは、絶えず神殿の境内《けいだい》で神をほめたたえていました（ルカ24・53）。弟子たちは、キリストを宣《の》べ伝えることによって投獄されましたが、そんな時にも賛美の歌を歌って（使徒16・25）神に祈っています。イエス・キリストを信じる人々は繰り返し賛美をしています（エフェソ1・3―14）。

聖書の中での賛美

今、あげた聖書の箇所には、「賛美」「ほめたたえる」と書いてありますが、ギリシャ語の聖書では、いくつかの言葉が使われています。交換可能なものもあれば、併用されているものもありますので、厳密に言葉の使い方を区別できるわけではありません。しかし、いずれにしても賛美は、神さまからの働きかけが先にあって、それに対する応答としてあります。そしてそれは、ある出来事をほめたたえるということではなく、出来事を通して働いておられる神さまご自身をほめたたえることに向かっています。さらに、個人の救いの体験（神の出来事の体験）は、個人の賛美にとどまるのではなく、共同体での賛美に結び付いていきます。

エフェソの信徒への手紙5章19節に「詩編と賛歌と霊的な歌によって語り合い、主に向かって心からほめ歌いなさい」と勧められています。詩編には、神の民の祈りの言葉が詰まっています。「わたし」が「あなた（主なる神）」に向かって祈る個人の祈り、そして、「わたしたち（共同体）」が、「あなた（主なる神）」に向かって祈る共同体の賛美です。詩編の中には、嘆きや悲しみが歌われるものがあります。嘆きで始まった詩が途中から感謝に変えられるものがあります。そして、詩編の最後には「ハレルヤ」と賛美への招きが繰り返されます。

主イエス・キリストが父なる神をほめたたえ、その主イエス・キリストと出会った人たちが主イエス・キリストを通して神を賛美しました。以来、いつの時代も教会では、神がほめたたえられてきました。迫害も戦争も分裂の歴史も、神への賛美を止めることはできませんでした。主イエスがエルサレムに入城されるに際して弟子たちの群れがこぞって神を賛美した時、「言っておくが、もしこの人たちが黙れば、石が叫びだす」（ルカ19・40）とおっしゃられたように、いつの時代も主イエスの弟子たちは、自分たちの見たあらゆる奇跡のことで喜び、声高らかに神をほめたたえ続けました。

都に上る歌

二〇一八年の夏、サンティアゴ・デ・コンポステーラを目指す巡礼路を歩きました。ポルトガルとスペインの国境の町トゥイから五日間で百キロ少しの道のりでした。歌いながら歩いている人たちを何組か見かけました。その人たちは、ロザリオの祈りを歌いながら歩いていたのですが、その歌がなんとも心地よかったので、よく一緒に歩きました。そして、サンティアゴに到着すると道すがら一緒のアルベルゲ（宿）に泊まった人や、一緒にコーヒーを飲んだり食事をした人たち、毎日歩いている時に挨拶《あいさつ》を交わした人たちと再会しました。大聖堂は、ポルトガルの道だけでなく、さまざまな道を通ってサンティアゴに到着した人たちでいっぱいになっていました。ミサの中では、その日サンティアゴに到着した人の国籍と出発点が紹介されていました。プロテスタントの教会には、巡礼の習慣はありませんが、サンティアゴ巡礼をとおして、御国での礼拝を待ち望みつつ歩むということを教えられたような気がしました。

御国を待ち望み賛美する

わたしたちは、それぞれの人生のある時、キリストに出会いました。そして、そのキリストの出来事を出発点にして、天の国をめざして主の日ごとに神をたたえます（黙示録19・5―10）。終わりの日までは、長い道のりを歩く人もいれば、短い人もいます。その信仰の歩みは、つまずくこともあれば、傷つくこともあり、疲れ果ててしまうこともあります。しかし、言葉にならない苦しみや悲しみの中でも、神だけがほめたたえられる時がやってくることを信じて歩き続けます。この道を歩いているのは一人ではありません。イエスさまが造ってくださった道をわたしたちは歩いており、御国での礼拝に向かって歩いている教会の仲間がいます。ほめたたえることができない時には、誰かの賛美についていきます。教会での賛美は、終わりの日に捧げられる賛美の先取りです。そして、終わりの日には、すべての者たちが、神をほめたたえます。

（日本基督教団西宮一麦教会牧師）

悲しみと慰めと望みと
キリスト者の葬り

加藤常昭《かとうつねあき》

一つの葬り

二〇一四年八月、牧師であった私の妻さゆりは五回の舌《ぜっ》がんの手術、治癒不能のリンパ腺《せん》がん、加えて認知症のため、三年の在宅看護の末、地上の生涯を閉じました。葬儀は二十八日、私の前任地であった鎌倉雪ノ下教会で行われました。

司式・説教は川崎公平牧師。前夜の祈りもありました。当日、礼拝堂を参列者が満たす中、孫たちの手でひつぎが奏楽とともに運び入れられました。古来、葬儀は墓地における埋葬だったことに倣《なら》い、自宅から墓地までの葬列が道半ばで礼拝堂に入り、礼拝をしました。

式場に、花をたくさん飾る祭壇などはありません。礼拝堂の中央前部にひつぎを縦に置き、その両側に花立て一対を置きました。写真も飾りません。式順と個人略歴を記したプログラムに、遺影を印刷しました。

葬儀は、主日礼拝とほぼ同じように行われました。招詞として詩編34編が読まれ、『讃美歌』151番（一九五四年版）を歌いました。「よろずの民、よろこべや、主イェス陰府《よみ》にかちませば、死のちからはや失せはて、ひとのいのちかぎりなし」。よみがえりの賛歌が高らかに響きました。

次に詩編30編の交読、ローマの信徒への手紙5章1―11節の朗読、司式者の祈祷が続きました。故人愛唱の『讃美歌』280番（同）「わが身ののぞみは、ただ主にかかれり」が歌われ、説教が行われました。

川﨑牧師は、妻に福音を伝え伝道者として育ててくださった吉祥寺教会の故竹森満佐一牧師の言葉を導きの糸としつつ、ローマの信徒への手紙を取り上げました。そして、神との和みに生きること、どんな困難なときにも忍耐しつつ信頼に生きる練達の道に生きることを説きました。私たちは、伝道者、妻、母として、最後まで笑顔に生きた故人の面影をしのびました。

説教者の祈りに続き、皆で主の祈りを唱え、故人が愛唱していた『讃美歌第二編』の1番を歌いました。そして祝福の言葉として、ヘブライ人への手紙13章20―21節が告げられました。

礼拝の後に、二人の方が故人の思い出を語りました。そして、すべての会葬者が列を作ってひつぎの脇を通り、妻の顔を見つつ別れを告げ、退室しました。室外では、遺族も一人ひとりにあいさつをしました。

それから孫たちがひつぎを運び、霊柩車で火葬場に向かいました。火葬の後、横浜にある鎌倉雪ノ下教会墓地にすぐ埋葬しました。これも古来の教会の葬りに倣いました。墓地にも多くの教会員が集まり、短い礼拝の後に納骨したのです。

からだの復活を信じる

ドイツのハイデルベルク大学教授だった、親友のクリスティアン・メラー教授からメールが届きました。妻の死の知らせに、すぐ応えてくれたのです。「あなたには無限につらいことですね。もはや、さゆりが、あの静かな仕方で、あなたの傍らにいないことは。もはや、あなたと共に祈ってくれないことは。あなたを独りぼっちでこの世に遺《のこ》していってしまったことは。長く共に生きました。一緒にいてしあわせでした。喪失の悲しみは肉体に食い込み、何よりも、こころに食い込みます。あなたに神の慰めがくだってきてくださいますように。あなたの血を流すような苦しみを癒やしてくださるために来てくださいますように」。

妻がいない！　今でもその苦しみは続きます。しかし、望みはあります。慰めはあります。妻が天国にいると思うからでしょうか。違います。メラーさんは、こうも書いてくれたのです。「あなたは書いてこられました。妻が土曜日、午前十時、眠りに就《つ》いたと。長い舌がん、そしてリンパ腺がんの病苦は終わりました。神が眠らせてくださいました。神がお定めになったとき、再び手に取られ、こう呼びかけてくださるためです。『起きなさい、さゆり、よみがえりの朝だよ！』と」。

何という慰め！　主イエスがよみがえられたように妻がよみがえり、いつかは私もよみがえるのです。使徒パウロは、霊の永世しか信じなかったコリントの教会の人々に、コリントの信徒への手紙一の15章で、霊はからだをもってよみがえるとの望みを明言しました。肉体は焼かれました。しかし、新しいいのちを得て妻のからだはよみがえるのです。人間は肉体も魂もあってこそ、一人の人格です。

三年の介護の間、私は妻の肉体のみとりに心を砕きました。おむつを換え、抱きかかえて車椅子に移し、ベッドに寝かせ、自分が調理した食事を口に入れてやりました。からだごと愛しました。それを失った悲しみは本当につらいのです。

ですが、その妻がよみがえるのです。主がそのいのちの初穂になってくださいました。葬りの前夜、牧師が紹介した妻の言葉はこうでした。「教会で葬儀をするとき、敗北して立ち去る死の背中が見える」と。

古来の信仰の言葉（使徒信条）は明言します。主イエスが、死して陰府《よみ》に降《くだ》り、死に勝ってよみがえられたことを、そして、私どものからだのよみがえりと永遠のいのちを信じるということを。この二つは、切り離すことができません。からだを持ってよみがえるからこそ、永遠のいのちを生きるのです。

いのちの恵みへの招き

葬儀は冠婚葬祭の一つです。そして冠婚葬祭は本来、通過儀礼として位置づけられます。誕生や結婚など、人生における分かれ道にさしかかり、自分や家族のアイデンティティーが危機にさらされると感じたとき、人は、それが変わらないという保証を神仏に求めます。そうすると、いわゆる宗教的なものを求めるようになります。結婚するとき、牧師の司式で式を挙げたいというのも、その一つです。

いつもは教会の集会に出たことのない人々も葬儀には来ます。初めて説教を聴く人もいます。それだけではなく、私が鎌倉雪ノ下教会で奉仕していたときには、キリスト者でない方の葬りもためらわず引き受けました。カトリック、プロテスタントともに教会が多く、その存在が地域に浸透している鎌倉では、仏教寺院とまったく関係せずに生活している人も多くいます。そのため、普段はまったく教会に無関係であっても、家族が死去したときは、教会に葬儀を依頼する家庭もあるのです。

ただ、一つだけ条件をつけました。それは、遺族が要望する通りの葬りにはならないかもしれないが、きちんと教会の流儀でやらせてもらうということです。「あなた方が望んだ通りの葬りにはならなかったとしても、望んだ以上の深い慰めを知ることができるだろうから、教会と牧師を信頼して、すべてを任せてほしい」と言うのです。

これに「はい、お任せします」と返事があれば、私たちは教会を挙げて全力を尽くします。教会員でない方の葬りでも、教会員に出席してもらいます。誰の葬儀であろうと、礼拝堂で行う葬りは教会の葬儀です。家族だけの葬りにはしません。牧師が司式するということだけを意味しません。それは教会として行う、正式な礼拝行為です。

もう百年も前に、アメリカのある神学者が書きました。アメリカの教会が最も異教的になるのは墓地においてである、と。参列する多くの人々が気に入る葬式をしようとするあまり、教会の働きが福音からそれてしまうからと言うのです。

ドイツの神学者で私の先生であるルードルフ・ボーレン教授も、まだ若いとき『われらの冠婚葬祭――伝道の好機か?』という小著を書いて評判になりました。日頃教会から遠ざかっている人が多く集まるチャンスでもある葬儀に際して、人々が気に入る葬りをしようとした結果、牧師が率直に福音を語らなくなっている、というのです。人びとの宗教的要求、人間的要求に応えてしまうというのです。罪の赦《ゆる》しを語らずに故人を賞賛し、復活を語らないで死後の再会の望みだけを語り、からだのよみがえりを語らないで霊魂の不死だけを語ってしまうのです。ボーレン先生は、「そのような堕落の機会を作らないように、社会が望むような葬儀をしたくないと訴えて、ストライキをしたらどうかと牧師たちに提言したいくらいだ」と言いました。

世代を越えて福音を伝える

私は確信しています。主イエス・キリストの十字架と復活の恵みに勝る力に満ちた福音はないということを！

葬儀を執り行うとき、教会は率直に、確信を持って賛美歌を歌い、聖書を読み、祈りを込めればよいのです。もちろん、喪失の痛み、悲しみの深みにある方たちに対しては、愛と同情から生まれる言葉を語るのです。そして、その傍《かたわ》らにいてあげるのです。単なる「おつとめ」をするような宗教家でなければよいのです。教会に不慣れな人に対しては、葬儀では今何が行われようとしているのか、わかる言葉で語るのです。しぐさで示すのです。ラザロの墓の前で涙を流し、ナインの若者の母に「泣かないで！」と声をかけてくださったときの主イエスのみこころに生きればよいのです。

そうすれば、聖霊が私たちの言葉、姿勢、行動を祝し、いのちの望みの証人としてくださるでしょう。葬儀を機会に受洗した人々が、何と多かったことでしょう！　私たちの誰もがいつかは迎える自らの葬儀は、子や孫などに世代を越えて福音を伝える、大きな機会でもあるのです。

（神学者、日本基督教団隠退教師）

子どもの信仰告白

信仰告白式への学びを
教会の実践

関川泰寛《せきかわやすひろ》

幼児洗礼とは

なぜ自分の口で信仰を告白できない幼子《おさなご》も洗礼を受けることができるのでしょうか。

その答えはこうです。信仰はとても大切ですが、それに先立って神さまの選びと恵みがあり、すでに救いの約束はわたしたちに与えられているからです。

イスラエルの父祖アブラハムは、永遠の契約のしるしとして、生まれた男子にはすべて割礼を施すように命じられました（創世記17・12）。また神の御子イエス・キリストは幼子たちを招き、「神の国はこのような者たちのものである」（マルコ10・14）と言われました。教会は、これらの聖書個所から、幼児洗礼を積極的に実践してきました。それゆえ幼児や子どもが自分で信仰を自覚的に持つことができなくても、親の信仰によって、洗礼を受けることができます。これが幼児洗礼（小児洗礼）の基本的な考え方です。

洗礼を受けた幼児は教会で見守られながら成長し、信仰を自らの口で言い表す年齢になると、信仰告白式を行います。信仰告白式に先立って信仰箇条の学び（カテキズムの学習）をします。

また、小学校の中学年から高学年の子どもの中には、自覚的に信仰を告白して洗礼を受ける場合もあります。つまり、子どもであっても、大人と同じ洗礼を受けることがあるのです。

幼児洗礼を行う教会は、幼児洗礼を受けた幼子の信仰養育に大きな責任を負うことになります。教会が幼児洗礼を授けておいて、「あとはご自由に」「あとはご両親やご家庭の責任で」では、幼児洗礼の意義が教会として共有されているとは言い難いでしょう。

新しいイスラエルである教会も、恵みの先行によって旧約以来の救いの約束を信じています。そこでは幼子の信仰養育、すなわち幼児洗礼を受けた後の信仰教育、つまり信仰告白式に至る教育プログラムが必須となります。

例えば中学生になったら、すべての幼児洗礼受洗者は、半年間の学びのクラスに出席することを、教会を挙げて奨励するなど、教会全体の合意と取り組みがなされるとよいと思います。

これらの教育には、カテキズムを使用することを勧めます。忙しい現代社会に生きる子どもたちがカテキズム教育を全うするために、十回完結のプログラムを作成し、十回の学びを終えたら信仰告白を行うなど、約束事を作ってみるのはどうでしょうか。

さらに教会学校の礼拝のカリキュラムを整え、一年のどこかで洗礼と聖餐についての説教をするとよいと思います。

大森めぐみ教会の教会学校教師会では、教師全員が『新・明解カテキズム』（全国連合長老教会日曜学校委員会編、関川泰寛解説、教文館、二〇一七年）のカテキズムに基づく「カテキズム教案」によって説教をし、また洗礼と聖餐の恵みについても礼拝の中で伝えています。受洗をしていない青年たちにアシスタントとして奉仕をお願いしていますが、アシスタントも、教会の基本的な教理を知ることができるように工夫しています。ある年のクリスマスには、このアシスタントの中から受洗者が与えられました。

「子ども」と「洗礼」を結び付けるためには、大人と子どもが共に学ぶことのできるカテキズムによって教師や大人が信仰を養い、さらに子どもたちへの信仰継承を実現させ、幼児洗礼受洗者を信仰告白へと導く循環を教会の中で巻き起こすことです。

カテキズムと聞くと、つまらない、無味乾燥、生きた信仰と無縁などと誤解している方々もいると思います。しかしカテキズムは教会が受け継いできた生きた信仰の言葉です。使徒信条、十戒、主の祈りを学びながら、それらを語り直すことで聖書の言葉が浮かび上がります。教会の言葉が、子どもたちの信仰の養いとなることを願っています。

教会全体の祈りとして

皆さんの教会では、子どもたちの信仰の養育のプログラムを持っていますか。教会学校の子どもたちが、洗礼へと導かれることを祈っているでしょうか。教会に来る子どもたちが、洗礼へと導かれるように教会員全員で祈りましょう。

今、祈りをもって教会学校（日曜学校）を改革することが必要だと私は考えます。祈りを具体化するためには、教会学校教師もまた洗礼とは何か、聖餐とは何か、救いとは何かを知り、その恵みに生きることを求められます。教会学校の教師をしながら、礼拝や聖餐を軽んじたりしていれば、子どもたちに洗礼の恵みを伝えることはできません。

また幼子を持つ親を含む教会員に、幼児洗礼の意義と恵みを伝えることも必要でしょう。子どものことを教会学校の教師だけが祈るのではなくて、それが教会全体の祈りとなっていることが何よりも大切だと思います。


（日本基督教団 大森めぐみ教会牧師）

Ⅲ　教会を担う

祈祷会

祈りを合わせる、祈りを集める

祈祷会の力に迫る

小堀康彦《こぼりやすひこ》

霊的に元気になる道

　皆さんは祈祷会に出席されているでしょうか。私がこの原稿を書きながら願っていることは、ただ一つです。これを読んだ人の中から祈祷会に出席する人が一人でも新しく起こされることです。なぜなら、祈祷会が盛んになることが、キリスト者と教会が霊的に成長していくためにどうしても必要なことだからです。

礼拝には集っている。でも、どこか霊的にマンネリに陥っていると感じている人がいるなら、ぜひ祈祷会に出席するようにしてください。必ず、今の状態よりも一歩成長することができます。なぜなら、祈祷会はそのために開かれるようになったものだからです。

祈祷会の始まりについては諸説あります。ただはっきりしていることは、「より御言葉と触れていたい。より祈りの時を持ちたい。より神さまとの交わりの中に生きていたい」という霊的願いや欲求の中で、教会は主の日の礼拝の他に、週の半ばに祈祷会を持つことになったということです。ここには、代々の聖徒たちの、激しい霊的な闘いからもたらされた知恵と工夫があるのです。

祈祷会に出なくても、家で祈っているから十分だと考えている方もおられるかもしれません。「密室の祈り」を持つことは、本当に大切なことです（マタイ6・6）。しかし、祈祷会には個人の「密室の祈り」とは別の大切な意味があり、効用があります（同18・19―20）。そして、祈祷会に連なることによって、私たちの密室の祈りのあり方もより豊かに変えられていくでしょう。

祈りを学ぶ

では、その祈りを私たちはどこで学ぶのでしょうか。第一に、聖書からです。詩編や主の祈りや使徒たちの祈りなど、聖書には私たちの祈りを導く祈りがたくさんあります。そこから示されることは、何よりも私たちは誰に向かって祈るのかということです。イエスさまを知る前に初詣《はつもうで》で願っていたような、自分の祈りがかなえられるのであれば祈る対象は誰でもよい、そんな祈りはできません。そして、何を祈るのか、祈るとはどういうことなのかということを教えられます。私たちの祈りは、商売繁盛・家内安全の祈りを超えていくのです。

第二に、私たちは教会の伝統から祈りを学びます。主の日の礼拝を中心とした教会のさまざまな場面で、私たちは祈りに触れます。そこで、長い教会の歴史の中で保持され、凝集された祈りの言葉に出会います。また、本などから代々の聖徒たちが残した祈りの言葉に学ぶこともできます。

第三に、信仰の先輩・友から学びます。祈りはその人の信仰と結びついており、その言葉も極めて個性的なものです。しかし、そこに現れているのは普遍的な祈り心とでもいうべきものです。それに実際に触れて、私たちは実地訓練を受け、自分の祈りの言葉を持つ者とされていくのでしょう。私たちは祈ることを学ばなければならないのです。祈ることを知っていると勘違いしてはなりません。祈りを学ぶ場として、祈祷会の果たす役割はとても大きいのです。

祈祷会での祈り

では、祈祷会では何を祈るのでしょうか。もちろん、自由に祈ったらよいのです。しかし、祈祷会では、おおよそ以下の三つの祈りがささげられるということを心得ておくとよいと思います。

① 御言葉に応える祈り

多くの祈祷会では聖書の学びがあり、そのあとに祈りがささげられる形をとっています。どうして祈る前に聖書を学ぶのでしょうか。それは、私たちの祈りが「神さまとの会話」となるためなのです。しかし、自分が一方的に神さまに語りかけている、いくら祈っても神さまからの答えが聞こえないと感じている人はいないでしょうか。

「神さまとの会話」というとき、私たちはまず神さまの言葉を聞かなければならないのです。けれど、それをしないで祈る。しかも、自分のお願いばかりを祈る。それでは神さまとの会話にはなりません。まず聖書に聞くのです。そして、聖書をとおして神さまが私に語りかけられたことに対して祈って応える。そうすれば、私たちの祈りは確実に「神さまとの会話」としての祈りとなります。祈祷会においては、まず御言葉に対する応答としての祈りがささげられなければならないのでしょう。それを繰り返していく中で、「聞いて祈る」ということが身についてくるはずです。

②課題への祈り

祈祷会では、「祈祷課題」を示されることがあると思います。「祈祷課題」というのは、教会として祈りを集めていかなければならない具体的な課題です。ここで私たちは、祈りによって同じ課題に向き合うという経験をします。これは、独りで祈っていたのでは味わうことのない経験です。主にあって一つとされているということを味わうのです。同じ課題を祈ることによって、神さまはその課題に対して具体的な出来事をもって応えてくださり、主は生きておられること、祈りを聞いてくださっていることを、味わい知ることになるでしょう。

③ とりなしの祈り

祈祷会でもう一つなされなければならない祈りは、とりなしの祈りです。私たちは自分のためにだけ祈るのではありません。世界は私たちの祈りを必要としているのです。私たちは教会の立っているその町のすべての人たちを代表し、その人たちに代わって祈るのです。この祈りの範囲は広く、教会の兄弟姉妹から始まり、教会員の家族・求道者、また地区・教区の諸教会、教会の付属施設、世界の平和、為政者、困窮の中にある人々等々のためなど、限りがありません。私たちの神さまが世界の主であられるからであり、また私たちの祈りがイエスさまの十字架というとりなしの御業によって与えられたものであり、イエスさまの十字架と結ばれているものだからです。祈りが私たちの中から自然に生まれてくるものであるなら、このような広がりは決して持たないのです。

祈祷会の工夫

祈祷会の効用は、何といっても主との交わりがより明確に、生き生きとなるということです。それによって、密室の祈りも豊かになり、さらには奉仕の業にも積極的になっていきます。良いことずくめのようですが、実際そのとおりなのです。

それなのに、どうして出席者が少ないのでしょうか。一つには時間を確保できないというこ とがあるかと思います。そうであるならば、教会は昼も夜も祈祷会を開いたらよいのです。信徒の方も、自分の所属する教会の祈祷会に出席することが難しいなら、教会の課題を共有するのは大切なことですが、それを踏まえた上で、勤め帰りに他教会の祈祷会に出席してもよいのです。礼拝を守るように、祈祷会を守るための工夫をそれぞれがするのです。あるいは、人前で祈るのが苦手だという人もいるかもしれません。それならば、祈りのときの順番を飛ばせばよいのです。全員が一人ずつ順番に祈る必要はありません。その人は「アーメン」と唱和することで祈りを合わせているのですから、それで十分なのです。

祈祷会において、信徒の証しというものを取り入れるあり方もあるでしょう。証しは御言葉と結びついており、生きた御言葉の説き明かしとなるはずのものだからです。無牧師・兼牧の教会においては、礼拝を守るのが精一杯という思いを持たれているかもしれません。しかし、そこでもう一歩前に踏み出し、祈祷会を開いてみる。そこで何かが起きるのではないでしょうか。いいえ、必ず起きます。

祈祷会に出席される方が多くなると、一人ひとり順番に祈るという方法では、時間がとても長くなるということになります。そこで、一人は一つか二つのことに集中して祈り、祈祷会として「一つの祈りの花束」をささげるというあり方があります。あるいは、聖書の学びが終わったらいくつかのグループに分かれて祈り、最後にまた一つに集まって祈って終わるというあり方もあるでしょう。また、一人ずつ祈るのではなくて、一斉に祈るというあり方もあります。

教会も信徒もどうしたら祈祷会にもっと出席できるか、それぞれ考え工夫することが必要でしょう。祈祷会は一部の熱心な人が出席すればよい会ではないのですから。それどころか、信徒のうちどれだけの人がここに集うか、ここに私たちの教会の明日が懸《か》かっていると私は思っています。

（日本基督教団 富山鹿島町教会牧師）

献　金

恵みによって「お金」に勝利を

青年への献金教育の実際

小林克哉《こばやしかつや》

ある春の日、教会に郵便物が届きました。高校生のときに洗礼を受け、大学進学とともに呉を離れていた姉妹からでした。すでに転会をして呉平安教会の教会員ではなくなっていましたが、母教会をいつも覚えていてくれる姉妹でした。

さっそく、封筒を開けて中身を確認すると、「就職感謝献金」とありました。添えられた手紙に「初給料をもらいました。献金を送ります」と書かれていました。彼女にとって決して少なくない額です。なぜだか目が潤んできて、ずいぶん成長したんだなぁと思い、その場で主に感謝の祈りをささげました。

「わたしが与える土地に入って穀物を収穫したならば、あなたたちは初穂を祭司のもとに携えなさい」（レビ記23・10）とあるとおり、今も昔も献げ物の心は同じです。

洗礼の学びの中で献金指導

牧師として洗礼や信仰告白の学び（受洗準備会）の際、献金についての話をします。私自身、十五歳で洗礼を受けましたが、受洗準備会で教えられた「十分の一献金」はその後のキリスト者としての歩みを整えるものになり、若い日にとてもよい指導を受けることができたと心から感謝しています。

ですから十代や二十代で洗礼を受ける青年たちに、自分と同じように生涯、神の御前に裏表なく健やかに生きてほしいと願いながら「献金指導」をします。特に青年への献金指導がどんな内容かを少しだけ紹介したいと思います。

私たちの教会の洗礼の学び会ではプリントを用意しているのですが、その中で献金について次のように説明しています。「私たちは神から十分の十が与えられている。その恵みに感謝し、キリストに贖《あがな》われて主のものとされている献身のしるしを、この世で使っている価値＝お金で表すのが献金である」と。もっとも明確にしたいのは、与えられているすべてのものが神からの賜物であることを深く知り、それにより生かされていることを感謝できるようになることです。その根底にあるのは、洗礼により私という存在が一〇〇パーセント主のものとされた事実です。この点が不明瞭だと、献金を会費やお金集めのことだと勘違いしかねません。献金は感謝と献身のしるしなのです。

「お金」に勝利してほしい

献金の指導で注意していることは、献金が律法ではなく福音による喜びの出来事であることを示すことです。献金は言うまでもなく神への献げものです。本来、私たち罪人の献げものが聖なる神に受け入れられるはずはありません。しかし主イエス・キリストの十字架の贖いのゆえに、神はそれを喜んで受け入れてくださるのです。

献金できること自体が福音であり、喜びの出来事なのです。これは礼拝や奉仕も同じことであり、その点を若い日に身につけることは重要です。

さらに、自分の献金に関するちょっとした体験を語ります。「高校を卒業して神学校に入り、親元を離れて自分で生活するようになったとき、それまで硬貨でしか席上献金をしたことがなかったのに初めて千円札を席上献金したんだ。そのとき、すごくうれしかったんだよ」。献げる喜びを知ってほしいのです。「私もそんなふうにしたいなぁ～」と応えてくれたらこちらもうれしくなるものです。

若い日から十分の一献金が身についていると、いろいろとよい面があります。こんな話もします。「私たち夫婦とも、若い日にキリスト者になり献金してきたので、十分の一献金でつらいとか大変だと思ったことはないよ。神さまがちゃんと養ってきてくださったよ」。

少し変な言い方かもしれませんが、私は「お金」に勝利してほしいと思っています。献金生活を身につけることにより、私たちを養われる神に身をゆだねることを知ってほしいのです。私たちの人生を支配しているのはお金ではなく主なる神であることを信じることができずして、どうして信仰の喜びに生きることができるでしょうか。

生活設計できる青年のうちに

御言葉に「あなたがたはそれぞれ、賜物を授かっているのですから、神のさまざまな恵みの善《よ》い管理者として、その賜物を生かして互いに仕えなさい」（Ⅰペトロ４・10）とあります。神から預けられている賜物はいろいろありますが、その一つが財です。それを神の賜物として管理するところに献金があり、またそれ以外のお金の使い方の原則があります。

生活設計を一からできるのが青年たちの強みです。その点で、すでに社会人となり相当の年数が経っている人がいきなり十分の一献金するのとは違います。そのような年代の方には、十分の一献金の精神を確認しつつ別の指導が必要になるかもしれません。若い日に、まず献金から自分の経済生活を考えることは、主のものとされて生きる「献身」から生活設計をすることにつながるはずです。

これから人生を形作ろうとしている青年に「献金指導」は重要です。若い日に信仰を得た者として生涯にわたり健やかな歩みをしてもらいたいと願ってやみません。

（日本基督教団 呉平安教会牧師）

役員会

役員の働きを理解していますか

古《ふる》屋《や》治《はる》雄《お》

教会の歴史は使徒言行録に伝えられているように、復活された主イエスが約束してくださった聖霊を使徒たちが受け、霊的共同体としてスタートしました。そして徐々にその形が整えられて、制度的共同体とも言えるものとなりました。

新約聖書の中に、教会でさまざまな役割が担われていたことが伝えられています。使徒、監督、長老、奉仕者（執事）、教師などです。聖書の中に「牧師」「伝道師」、そして「役員」という言葉は見られませんが、主の教会としての使命を担うその一点において、これらの職務の人々は一貫して重要な役割を担ってきました。

皆さんの中にはすでに教会で役員の責任を負っている方々もいるでしょう。役員であるないにかかわらず、年度の節目に当たる時期に、私たちの教会の運営の責任を担う役員また役員会について理解を深めたいと願います。

役員を選出する

日本基督《キリスト》教団（以下教団）の教会規則である教規の第99条に、「役員は、教会総会において現住陪餐会員たる信徒の中から選挙する」と明記されています。教会総会は教会の最高決定機関ですから、役員選出の場が教会総会であることは必然でしょう。教会の総意をもって役員を立てるということです。教職の裁量で役員が選ばれるのでも、信徒の立候補や推薦で選ぶのでもありません。また実務能力を基準として選ぶのでもありません。名誉職のように考えて選ぶことも主の教会にふさわしいことではありません。教会員の皆が祈りをもって、主の教会に仕えるためにふさわしい役員が立てられるようにとの信仰によって選出することが求められています。

今日、諸教会で役員の選出に苦労している現状があります。なかなか人数を確保できません。高齢ゆえに引き受けることが難しく、総会で選ばれても辞退する人もいます。あらためて、教会総会は神さまのご意思を問う信仰的教会的会議であることを想起しなければなりません。

神さまが自分たちの教会をとおしてなさることを尋ね求め、決定したことの中に神さまのご意思が示されていると信じる信仰が求められます。その上で役員選挙の結果について相互に弱さを担い合う相互理解と、また自分に与えられている賜物を教会のために存分に発揮する自由と謙虚さを、私たちは教会の主であるキリストから与えられているのです。

役員の責務は

教団の役員就任式の式文には、役員の責務に関して次のように述べられています。「役員は牧師を補佐し、牧師と共に役員会を組織して、キリストのからだである教会の聖なるみわざにあずかるものであります。即ち礼拝、伝道、牧会、教育、奉仕、交わり、訓練な

役員会の処理すべき事柄

(1)　礼拝および聖礼典の執行
(2)　伝道および牧会
(3)　教会記録
(4)　金銭出納
(5)　信徒の入会、転入および転出
(6)　信徒の戒規
(7)　教会総会に提出すべき歳入歳出予算
　　および決算その他の議案
(8)　牧師および伝道師
(9)　キリスト教教育主事
(10)　教会財産の管理その他の財務
(11)　教会諸事業の管理
(12)　その他教会における重要な事項

（日本基督教団 教規 第 102 条より）

ど、いにしえの使徒たちが教えた働きにおいて、重い責任を負うものであります」（『日本基督教団式文〔試用版Ⅱ〕』）。

役員会の責務を教団の教規に見るならば、上に示した「役員会の処理すべき事柄」です。役員会は教会の具体的な活動のすべての事項について責任を担っています。

役員会と教会総会との関係については、「処理すべき事柄」（7）のとおり、総会で諮《はか》るすべての議案を役員会が整え準備する責任を負っています。教会の運営についての最終的な責任は役員会ではなく、教会総会が負うことになりますが、総会が適切な教会的判断ができるよう、役員会の役割が決定的に重要になります。

教会の職務という観点からすれば教師（牧師・伝道師のこと）の役割についても考えなければなりませんが、今回は役員の役割について集中して考えることとします。しかし、役員の役割は教師のそれと切り離して考えることはできません。教団の教規には、教会総会に関する規定（第94〜97条）、教会役員および役員会に関する規定（第98〜102条）、そして教会担任教師に関する規定（第103〜114条）の順番に述べられています。役員に関する規定が教師に先立っているのです。

教師も役員も、共に主の教会の働きに仕えます。教師が教会の運営をする、教会の責任を負うと考える信徒が多いかもしれません。しかしそうではありません。教会の日常的な運営責任は、教師もその中に重要な役割をもって構成される役員会にあるという教会観に私たちは立っているのです。

カトリックでは司祭と信徒の立場が異なりますが、宗教改革の歴史を経て福音主義に拠《よ》って立つプロテスタント教会は信徒と教師の立場は同等です。そして教団では、説教と聖礼典を行う役割を分担して担う教職制度に立っています。この役割が特別なものであることは強調されなければなりません。しかし役員会が教師との協力関係の下に「教会の教務に奉仕するもの」（教規第98条②）と位置づけられていることに重要な責務が込められています。

役員会における教師の位置づけ

共に役員会を組織する役員と教師については、役員会の議長を教会担任教師が務めるという中に両者の関係性が集約されています（教規第101条）。議長は役員会の代表であり、議事を主宰します。役員会が教会に対して責任を持つのに対し、議長である教師は役員会に対して責任を負っているのです。

それぞれの教会で主が生きて働いておられることを表す決定をどのようになしていくか、議長の責任が問われると同時に、各役員も自分の信仰と良心とを働かせて内容討議ができるかが問われています。事柄によっては十分審議を尽くし、場合によっては継続審議にする判断もあるでしょうし、多数決で最終的に結論を出さなければならないこともあるでしょう。意見が分かれた場合、どのような意見を持っているにしても最終的な結論を役員会として受け入れていく。牧師は議長として一致した役員会を作りあげていく責任があります。

また教団のほとんどの教会は、日本社会の中で宗教法人という法人格を持ち、「宗教法人日本基督教団〇〇教会規則」を持っています。そしてそこには責任役員を総会によって選出すると定められています。責任役員という言葉は、宗教法人法の言葉で、教会の財産管理に関わる事柄を責任をもって扱う役職です。教会役員の上の役職のように受け止められていることがありますが、まったくそうではありません。

教会の不動産を売却するときや取得しようとするとき、日本の法律に則して手続きをしなければなりません。そういったとき法人として適切な対応をするための重要な責任を負うことが責任役員の役割です。教会が会堂建築に代表される財政上の大きな決断をする場合、そのことを教会総会で議決できるよう適切な準備をします。

教団では多くの教会で、教会役員の中から責任役員を選出するかたちをとっています。宗教法人法では責任役員の中から代表役員を選出することが定められていますが、教団の場合には主任担任教師が代表役員になることを定めています（教規第114条）。

役員を支える責任がある

　役員就任式の中でも語られているとおり、教会役員の責任は大変重いものです。教会全体で祈りをもって支えなければその職務を全うすることはできないでしょう。役員を選んだ教会全体も、神さまの前に誓約を求められていることにあらためて注目しなければなりません。役員を選んで任せっきりではなく、その職務を全うできるように祈り、協力していく責任を負っているのです。

（日本基督教団 阿佐ヶ谷教会牧師）

招聘

まず教会の自己像を明確にしてから
失敗しない招聘《しょうへい》のために

内藤留幸《ないとうとめゆき》

皆さんも教区や地区などの集まりで、牧師の招聘にまつわる話を聞くことがあると思います。うまくいったケース、問題を残したケースなどさまざまです。

かつて招聘問題で多くの教会の相談にのり、また助言をさせていただきました経験から、招聘とは何かという基本と、招聘を成功させるポイントを記したいと思います。

王の使者を礼を尽くして迎える

日本基督《キリスト》教団はもともと異なる伝統を持つ三十余の教派が合同してできました。教師の人事についても、元の教派ではメソジストなどの任命制と、長老派や会衆派系の招聘制などいろいろとありました。例えば任命制のメソジストでは人事は監督の任命によります。牧師も信徒も自分たちで決めることができませんでした。

そうしたさまざまな背景を持つ教会が、合同によって招聘制に移行しました。教団成立から八十年を経た今日でも、この招聘問題が充分整理されたとは言えません。

招聘の「聘」という字は、礼を尽くして迎えるという意味です。特に、王が送る使者を礼を尽くして迎えるときに使います。この字を採用したということは、「招聘」とは、教会の主であるイエス・キリストが福音の使者として牧師を送り、それを教会側は礼を尽くして迎えることなのだと理解していたのだと思います。

その関係は、一般の会社の雇用関係のような、「雇ってあげる」ではないし、ましてや「行ってやる」でもないのです。この点をきちんと理解していないと、うまくいかないのは当然です。その結果、時に好き嫌いの人間的な思いで判断するようになります。

まず、「招聘とは何か」をよく確認した上で、双方とも謙遜と祈りと慎みをもって事に当たってもらいたいのです。逆に言うと、そこがしっかり認識されているなら多くの問題は解決します。

牧師はそれぞれ賜物《たまもの》が違う

牧師には原則転任があります。いつまでも同じ教会にいるわけではありません。信徒の方にとっては、自分に洗礼を授けてくださった牧師が去ることは寂しいことで、時に捨てられたような気持ちになるものですが、「あなたの主はキリストであって、牧師は時が来れば去る」ということは、きちんと牧師が在任中に伝えないといけません。

教会の歩みは牧師一代で完結しません。たすきを渡す駅伝のようなものです。その中に、長い距離を走る人と、短い距離の人がいます。それでいいのです。一人の牧師にすべての賜物が与えられているわけではないのですから。新しい牧師が来ると、どうしても牧師同士を比べがちですが、信徒もそのことをわきまえてほしいと思っています。牧師にはそれぞれの賜物がありますから、前の牧師と比べて粗探しをするようなことは避けるべきです。

教会には、これからどんな教会を形成していきたいのかの指針があります。赴任する牧師はそれを理解した上で、自分はこの教会形成のどの部分を担うことができるかを考えながら牧会し、辞めるときは、「ここは私が担いました。あとはここここに課題がありますす。次はそこに賜物がある先生を招いてください」と言って辞めていくことができれば理想的です。

十年くらいのスパンで教会形成の指針を考えるといいと思います。たとえ牧師が五年で辞めることになっても、何が課題として残っているかわかりますから。

招聘の主体は誰か

新しい牧師を探すのは、信徒だけでは荷が重いことです。

日本基督教団の教規113条に、「教区人事部に申しいで」とあります。教区には人事担当がいて相談に乗ってくれますが、機能していなかったり、窓口がない教区もあります。また教団には常設委員会が六つあり、教規43条によると、教師委員会の活動項目の中に、「人事交流に関する事項」があります。これらの規定が機能しているといいのですが、現実にはそうなってはいません。互助などがしっかりしている教区では懇切に対応してくれますが、そうでない場合は神学校に相談に行くか、旧教派のつながりに頼るか、人脈の豊富な牧師に助言を求めるしかないのが現実です。

しかし、こうした制度的な課題とは別に、押さえておかなければならない重要なことがあります。それは、招聘の主体は教会だということです。教規106条に「教会担任教師は、教会が招聘するものとする」とあるように、招聘するのは教会なのです。教会が教会として判断するのです。だから、教会はまず、自分たちはどのような教会で、どのような教会形成を考えているかという自己理解をきちんと持っていなければならないのです。

教会の自己理解を深める

私はこれまでたくさんの教会から相談を受けてきましたが、教会に対してまずアドバイスするのは、次の三つをはっきりさせてくださいということです。①教会が何を大事にして形成されてきたか、どういう伝統に立ってきたか。②現在どういう状況にあるか。③将来どういう教会を造り上げていきたいと考えているか。

教会員でこの三つを話し合って共通の理解を持ってくださいとお願いしています。この点が曖昧《あいまい》なまま牧師を招聘して、結果としてミスマッチとしか言いようのない状況となるケースが多いのです。無牧が嫌だからといってこうしたことをよく考えずに急ぐと、結果がよくない場合が案外多いのです。牧師からは教会に履歴書が提出されますが、教会側からも見える形で教会の基本方針が示されなければなりません。

ある教会の牧師が辞任することになりました。困った役員会が私の所に相談に来ました。そこで私は、「あなた方の教会はどういう指針をもって教会形成をしていきたいのか」と聞きました。ところが、「そのようなものはありません」と言うのです。「これまで全部牧師任せできました」と。

そこで私は、教会全体で一年間、指針作りに取り組んでもらいました。専任牧師は不在でも、私が代務となって毎月の役員会に出席し、また主日の説教はいろいろな牧師に頼みました。こうして一年間の学びと話し合いをした結果、「教会形成基本方針」というものが出来上がりました。また、「牧師招聘の基本的姿勢」も作りました。

私はそれを見て、この教会はどういう教会かがわかりましたので、それにふさわしい先生を選んで紹介することができました。

そうした指針作りの努力をせずに無牧が嫌だからといって走り回って「この人が良さそうだから」とか「説教がうまいから」と人間的な観点で次の牧師を招き、失敗するケースが多いのです。ここはまず、教会としての自己理解を深めた上で、その教会にどんな牧師がふさわしいかをじっくりと考えてほしいのです。

条件を決めておく

それとともに大事なのが、招聘の条件をきちんと決めておくということです。

これもある教会の例ですが、牧師と信徒の間で牧会方針での対立がありました。「教会の伝統と違う」と主張する信徒に牧師が、「私を招くとき、自由にやってくださいと言ったではないか」と言い、平行線でした。

こうした行き違いをなくすためにも、あらかじめ具体的にできるだけ決めておく必要があります。牧会・伝道の方針はもちろんですが、より細かくは、①いつ着任してもらうか。②職務は何か。幼稚園や施設がある場合は、その職務があるか。③どこに住むか。④謝儀はいくらか。その中に、例えば光熱費が含まれるのかなど、細部にわたって決めておく。⑤任期はいつまでか。招聘制の場合、任期を決めることはまれですが、これを決めるか決めないか。

その他、聖礼典の問題や教会政治の問題などさまざまな決めておくべきことがあります。こうしたことが明確でなかったために、例えば光熱費は謝儀に含まれるのか含まれないのかなどのレベルの低いことで争うケースがあります。教会に問題が起こって裁判になっているところもあります。いったんもめると、根も葉もない噂が流れて混乱に拍車をかけます。そうした事態を招かないためにも注意をしたいものです。

問われる牧師の資質

もちろん、どんなに注意してもミスマッチは起こります。いろいろな原因で牧師と信徒が対立し、混乱した教会を見てきて思うことは、私は教会が混乱したら牧師は、「私の牧会・伝道が不十分でした」と責任をとって辞任するのがよいと思っています。いろいろと言い分はあると思いますが、つっぱらない。まして信徒を除名処分にするなどは避けたほうがいいと思っています。

もちろん問題によりけりで、一般化はできません。福音の根幹に関わることであれば判断は違うと思います。しかし、現実に起こっている多くのケースでは、ささいな行き違いや思いやりのなさ、思慮の足りなさが感情的なもつれの原因になっていることが多いのです。原因が牧師の適性に関わることも多いと思います。

牧師の祈りが足りない、そのことを真剣に思っています。厳しいようですが、謙遜、慎み、霊性を感じさせる牧師が少なくなりました。牧師は、そして信徒はまず祈って聖霊の養いを得ること、そこから始まると思います。

信徒にも牧師にも言えることですが、教会でも案外「レッテル貼り」をしている人が多いのです。「あの人はこういう人だ」と一度レッテルを貼ったら変えない。でも人間は変わるものです。悔い改めも起こります。「日々新しくなる」と説教しているのに、また説教で聞いているはずなのに、「レッテル貼り」をやっている人がなんと多いことでしょう。

確かに聖書をよく勉強しています、でも養いになっていない。祈りが足りないからです。教会も祈りの蓄積が今日の教会を作っているのです。牧師も信徒もお互いの成長のために祈り合う、その姿勢が乏しくなってきています。
　牧師就任式で、神さまの前に牧師も信徒も誓約します。折に触れてその原点に立ち返ることが大切です。夫婦でも、育った環境が違うのでいろいろと行き違いが起こります。でもそれを愛によって乗り越えていって本当の夫婦になっていくわけです。変えるべきところは変える、でも欠けたところは黙って補い合い、受け入れるところは受け入れる。そこまでいくと、まさにそこは赦《ゆる》しの世界です。教会が説くところの福音です。

　最後に、無牧の教会や兼牧の教会へのアドバイスですが、希望を失わないこと。それと支え合うこと。一緒に手を携えてくれる教会を持つこと。地方中核都市の教会は地域の中心となって、小さな教会のことをいつも心にかけてほしいと思います。覚えつつ、懐に抱えていく意識を持ってほしいのです。昔は伝道圏というものがあって支え合っていました。大きな教会は、生み出した小さな教会のことをいつも心がけてほしいと思っています。

（日本基督教団元総幹事、日本基督教団教師。二〇一七年逝去）

初出一覧

はじめに……書き下ろし

教会の共同体としての自覚と絆の回復を……『信徒の友』2013 年 1 月号

教会が「そこにある」ことの意味と使命……2013 年 6 月号

教会は「広場」になろう……2016 年 9 月号

洗礼の恵み、聖餐の喜び……2012 年 1 月号

洗礼とは何か……2007 年 9 月号

生き方をとおして福音を証ししよう……2017 年 2 月

新しい証人、新しい出来事……2016 年 1 月号

御国を目指す賛美の群れ……書き下ろし

悲しみと慰めと望みと……2015 年 11 月号

信仰告白式への学びを……2018 年 6 月号

祈りを合わせる、祈りを集める……2017 年 1 月号

恵みによって「お金」に勝利を ……2012 年 2 月号

役員の働きを理解していますか ……2020 年 3 月号

まず教会の自己像を明確にしてから ……2015 年 2 月号

信仰生活ガイド

教会をつくる

2021 年 1 月 25 日　初版発行

編　者　古　屋　　治　雄

発　行　日本キリスト教団出版局

169-0051　東京都新宿区西早稲田 2 丁目 3 の 18
電話・営業 03（3204）0422、編集 03（3204）0424
https://bp-uccj.jp

印刷・製本　三松堂

ISBN 978–4–8184–1064–0　C0016　日キ販

Printed in Japan